L'Unique,
Maria Casarès

DE LA MÊME AUTRICE

D'origine italienne, *Stock, 2019, J'ai lu, 2021*

Appelez-moi Lorca Horowitz, *Stock, 2016, J'ai lu, 2020*

La Vraie Parisienne, *J'ai lu, 2015*

Trois jours à Oran, *Stock, 2014, J'ai lu, 2015*

Nation Pigalle, *Stock, 2011, J'ai lu, 2014*

Le Prisonnier, *Stock, 2009, J'ai lu, 2011*

Pour les siècles des siècles, *Stock, 2008, J'ai lu, 2009*

Marilyn Monroe, *Folio biographies, 2007*

Manolete, le calife foudroyé, *Ramsay, 2005, Ramsay poche, 2007 ; Au Diable Vauvert, 2010, 2018*

Seule au rendez-vous, *Robert Laffont, 2005*

Un coup de corne fut mon premier baiser, *Ramsay, 1998*

Anne Plantagenet

L'Unique, Maria Casarès

Stock

Couverture : Coco bel œil

ISBN : 978-2-234-08871-9

Les vulgaires parlent l'unique reste

Albert Camus à Maria Casarès, 18 juin 1957

Elle, c'est Maria Casarès.

Elle habite là, 148 rue de Vaugirard, elle porte un ciré noir et un petit chapeau flambant neufs, ses longs cheveux sombres sont lâchés sur ses épaules. Elle rentre chez elle et marche vite sur le trottoir qui longe l'hôpital Necker-Enfants malades. Combien de fois par jour, combien de fois depuis bientôt vingt-quatre ans, entend-elle ces deux mots, *enfants malades*, qui enserrent l'immeuble où elle vit et ne devraient pas aller ensemble, son immeuble comme une presqu'île saillant sur le centre hospitalier, elle ne compte pas. Ces mots sont parmi les premiers qu'elle a appris en français quand la guerre et l'exil l'ont chassée d'Espagne et poussée jusqu'à Paris, ça aurait pu être Val de Grâce, Jardin des Plantes, Carreau du Temple, maintenant elle sait qu'il existe même dans cette ville une rue de Paradis et une autre de la Fidélité, mais c'est à cet endroit du 15e arrondissement qu'elle est arrivée en 1936, au milieu de mots étrangers et d'enfants malades, *niños enfermos*, à cet endroit du monde qu'elle s'est arrêtée et qu'elle est toujours.

C'est la fin d'une journée *chargée, stérile et étrangement bousculée*, écrira-t-elle des années plus tard dans son autobiographie. Maria Casarès revient de la Maison de la Radio où elle enregistre l'après-midi *Macbeth* avec Alain Cuny, dans la version française de Louis Jouvet ainsi que dans *toutes les langues*, elle est désormais polyglotte, mais aujourd'hui les techniciens étaient en grève et ils ont passé des heures à attendre dans le studio, pour rien. Une lionne en cage, fumant cigarette sur cigarette. À la fin elle avait les nerfs complètement à vif. Enfant déjà, choyée, gâtée, surprotégée, petite bourgeoise élevée comme une princesse, pas enfant malade, Maria était en proie à ces colères extravagantes, ces pertes de contrôle que son père seul, d'un regard, d'une attitude, savait désamorcer, son père, cette intelligence supérieure. *Il faut qu'elle calme ses nerfs*, ont dit ses professeurs quand elle s'est présentée la première fois au Conservatoire et s'est fait recaler à l'unanimité, et aussi *elle parle le français comme une vache espagnole*. Elle a demandé à Cuny de la déposer place Cambronne, elle avait besoin de s'aérer et de se dégourdir les jambes, Cuny qui gueule, aboie, braille au micro à lui *crever le tympan*, comme elle l'a confié dans une de ses dernières lettres, mi-décembre, à Camus, à qui elle dit tout, presque tout. Elle a descendu le boulevard Garibaldi mais, au lieu de prendre Pasteur pour rejoindre Vaugirard, elle a tourné rue de Sèvres, longeant l'hôpital Necker-Enfants malades, afin d'entrer dans sa rue par le boulevard du Montparnasse. De là, même de loin, on voit son bel immeuble haussmannien, majestueux, imprenable, plus haut que tous les édifices autour, et le 6e étage, avec ses innombrables fenêtres et son balcon filant, le sien, son *pigeonnier*, chez elle.

Bien qu'il fasse plutôt doux pour la saison, le ciré et le chapeau ne sont pas adaptés à ce début janvier, ils conviendront mieux, parfaitement, à Camaret-sur-Mer, où Maria aime aller en août après Avignon dont elle supporte mal la fournaise, *une Espagnole qui déteste la chaleur et adore la Bretagne, on aura tout vu*. Elle les porte quand même, fièrement, avec défi, et personne ne lui fera entendre raison, *une Espagnole du Nord, de l'océan, de Galice*, ce sont des cadeaux qu'elle a eus à Noël, des cadeaux de Camus. *Joyeux Noël, mon cher amour ! Je ne pourrai te téléphoner sans doute, mais si j'ai un moment de solitude je le ferai. Sois belle et heureuse, avec le beau visage illuminé que j'aime. Et n'oublie pas ton compagnon, qui entrera, invisible, au banquet (s'il y en a un) et te tiendra doucement la main, ma chérie*. Dans quelques jours, une vague de froid glacial, courte mais intense, s'abattra sur le pays, avec des gelées généralisées, de la neige, des températures spectaculairement négatives, - 12 degrés en région parisienne, et Maria ne portera plus son ciré. Mais pour l'heure, elle s'est fait la promesse de le garder jusqu'au retour de Camus, ce soir, cette nuit, demain, elle ne sait pas exactement. Il doit l'appeler. C'est pour cela peut-être qu'elle marche vite. Peut-être pas.

Elle ne veut pas être abordée, interpellée, identifiée, poursuivie par des chasseurs d'autographes, des admirateurs, pire, des admiratrices, ce sont les femmes qui lui écrivent les lettres les plus enflammées et se montrent d'une impudeur inouïe quand elles lui adressent la parole à l'entrée des artistes. Ni accostée par qui que ce soit. Une femme brune, frêle et seule, encore jeune, avançant à petits pas pressés, courant presque, sur un trottoir. En Espagne, les hommes sifflaient et émettaient des commentaires bruyants au passage d'une silhouette féminine, cela faisait partie d'une représentation publique dont Maria connaissait et acceptait les rôles quand elle vivait là-bas, en Algérie aussi d'après Camus qui est *passionné et parfois injuste* comme un Espagnol, mais en France, à Paris, où tout est plus insidieux et répond à des codes qu'elle n'est pas toujours sûre de comprendre, elle est farouche, maladivement timide, et préfère que, dans la rue, on lui fiche la paix.

La plupart du temps, c'est le cas. En cette toute nouvelle année, nouvelle décennie, Maria Casarès est une actrice de cinéma qu'on a vue notamment chez Carné, Bresson, Cocteau, au côté de Gérard Philipe ou de Jean Marais, elle apparaît régulièrement dans des reportages ou émissions à la télévision, en photo dans les magazines, on connaît son menton pointu, ses cheveux de jais, sa taille de guêpe, mais c'est avant tout une comédienne de théâtre. TNP. Jean Vilar. Une voix sombre, grave. Un corps en mouvement, un corps réceptacle que les images n'arrivent pas à fixer. Rarement belle, sauf sur les clichés qui saisissent l'éphémère vérité des planches, absente d'elle-même. Tragédienne. Intimidante. Fascinante. Dure. Souvent vêtue de noir. *Passionnée et parfois injuste*. Phèdre. Marie Tudor. Dans *Orphée*, à vingt-huit ans, elle était la Princesse, incarnation de la Mort.

Depuis ce matin, ses mains tremblent, ses mains *malhabiles*, bonnes à rien aujourd'hui sinon à lui rappeler ses fameux nerfs incoercibles, à lui exposer sous les yeux une tache visible d'elle seule, impossible à effacer. Lady M. *L'enfer est sombre*. Si son père était là. Son père, Santiago Casares Quiroga, plusieurs fois ministre, dernier président du Conseil de la République espagnole jusqu'au coup d'État dirigé par Franco le 18 juillet 1936, accusé selon la version officielle, que réfute en bloc sa fille, d'avoir refusé d'armer les ouvriers, incapable de gérer la situation, son incompétence responsable du déclenchement de la guerre civile. Mort en exil quatre ans après sa femme, en 1950, désavoué, réprouvé, l'année d'*Orphée*. Orpheline. Cette douleur qui ne pliera jamais. Son père est mort dans sa chambre, que Maria lui avait laissée à la fin, dans son lit. Elle n'a pas peur des fantômes. Les fantômes peuplent la Galice et les contes de son enfance, ils font partie de la vie au même titre que les rêves, les souvenirs, les regrets, la mort. Ces corps impalpables, Maria accepte totalement leur présence, comme elle accepte la vie avec tout ce qu'elle contient, séparations, gloire et deuil, *sol y sombra*. Elle désire celle-ci, sans résistance, simplement. Camus a noté cette citation d'elle dans ses *Carnets* en 1951 : *On trouverait aujourd'hui un remède contre la mort, je ne l'accepterais pas. Ma douleur (la mort de son père et de sa mère) mon bonheur (son amour) n'ont de sens que si je dois aller là-bas moi aussi.* Camus la connaît mieux que personne au monde. Il dit qu'elle a *le génie de la vie*.

Appétit d'ogre, rire tapageur, sensualité brûlante, sommeil de plomb, long, réparateur, sans interruption. Maria se couche tard et ne se lève jamais avant la fin de matinée. Au réveil, elle lit son courrier et ajoute parfois quelques lignes à la lettre qu'elle a écrite la veille au soir en rentrant du théâtre, dans cette parenthèse de calme, de solitude, avant le rythme effréné qui reprend aussitôt après le déjeuner. Ses lettres sont foisonnantes, pleines de cette lumière qui entre partout dans l'appartement, de cette énergie increvable avec laquelle Maria enchaîne les pièces, les rôles, les mises en scène, les tournées, les enregistrements, les répétitions, des lettres dont Camus a longtemps été le destinateur principal, sinon exclusif. *Camus*, préfère-t-elle le nommer quand elle parle de lui à des tiers, laissant les autres dire *Albert*, espérant tenir ainsi leur intimité à distance, pudique, secrète. Elle aime son nom qui commence comme le sien, Camus le grand homme public, et non *mon cher amour, mon beau prince plein de grâces*. Même si elle lui écrit moins ces dernières années, moins qu'à l'époque où elle le faisait quasiment tous les jours, où leur correspondance soutenue était le moyen qu'ils avaient trouvé de partager le quotidien, de vivre ensemble. Ou de ne pas vivre ensemble. Ils s'écrivent moins et ne se sont pas vus depuis bientôt deux mois. *Pouvais-tu imaginer que viendrait un temps où nous serions séparés ?* Camus est descendu mi-novembre dans sa maison de Lourmarin, dans le Vaucluse, pour travailler à son nouveau livre, *Le Premier Homme*. Également pour retrouver Mi, sa jeune maîtresse qu'il a installée non loin de chez lui, mais ça, Maria ne le sait sans doute pas. Elle sait en revanche que son épouse Francine et leurs deux enfants l'ont rejoint fin décembre pour passer les fêtes en famille, et qu'il doit rentrer à Paris d'un jour à l'autre. Il le lui a confirmé dans la dernière lettre qu'elle a reçue de lui, datée du 23 décembre. Elle n'a pas eu de nouvelles depuis, mais il n'y a pas lieu de s'inquiéter, pendant ces périodes le courrier est toujours plus lent et Camus moins libre de ses mouvements quand sa *tribu* est là. Sans compter que le 1er janvier tombait un vendredi. Il y a eu ensuite le week-end. Aujourd'hui, c'est lundi, une lettre sans doute sera arrivée à l'appartement, un télégramme, sinon il aura appelé dans l'après-midi et Angeles lui transmettra son message quand elle rentrera. Elle aura même préparé un de ses plats préférés pour célébrer son retour et dans la cage d'escalier déjà Maria sentira ce mélange typique d'épices méditerranéennes que Camus affectionne. Ou bien il est déjà là et l'attend pour lui faire la surprise. C'est pour cela peut-être qu'elle marche vite. Peut-être pas.

Elle s'est *mal réveillée* ce matin, sans raison particulière. Depuis, Maria traîne une sorte de *malaise* imprécis dont elle n'arrive pas à se débarrasser. Chaque début d'année, c'est vrai, la renvoie inévitablement à la mort de ses parents, sa mère en janvier, son père en février. Ses parents tant aimés. Il y a eu aussi fin novembre la disparition foudroyante de Gérard Philipe, dont elle a été si proche à l'époque où elle avait rompu avec Camus et passait d'un amant à un autre dans une tentative frénétique, et vaine, d'oubli; Gérard trop jeune pour mourir, né fin 1922, comme elle, à quelques jours d'écart seulement. Sentiment du temps qui passe, fatigue générale, contrecoup d'un agenda trop rempli, période de relâche momentanée et peur du vide quand elle n'est pas sur scène tous les soirs, premiers doutes, critique violente de François Mauriac, indélébile, contre son interprétation de Lady M souillant sa confiance. Dans le miroir, son visage qui se marque, dur, sa voix de plus en plus grave, chevrotante, elle fume trop. Sa carrière serait-elle déjà derrière elle ? Maria Casarès a trente-sept ans. Elle n'a pas d'enfants, pas de compagnon officiel, *ma chérie, ma beauté, ma lumière,* n'a jamais été mariée, bien qu'elle ait été fiancée deux fois. Mademoiselle Casarès. Elle a quitté l'Espagne depuis vingt-trois ans et s'est juré de ne pas y retourner tant que Franco serait vivant.

Les raisons finalement ne manquent pas pour mal commencer cette journée et, au 148 rue de Vaugirard, elle a réussi à transmettre son angoisse à toute sa *maisonnée*. Maria ne vit pas seule, elle ne le supporterait pas, en serait incapable. Chez elle, il y a Juan et Angeles, un couple d'Espagnols à son service depuis douze ans. Au-dessus, dans un studio qu'elle loue au 7e, elle loge aussi depuis des années un vieil ami de son père, autre exilé espagnol, Sergio Andión, dit Tonton, *tío* Sergio, ainsi que dans une chambre de service Dominique Marcas, une de ses adoratrices éperdues qu'elle a recueillie, chassant la précédente. Quand, à midi, le téléphone a sonné dans l'appartement et qu'Angeles lui a tendu l'appareil en tremblant à son tour, *es la policía, quieren hablarle*, l'affreuse sensation dont elle ne parvenait pas à se libérer a atteint son paroxysme, comme un accès foudroyant de fièvre. Maria était à deux doigts de s'évanouir. Un terrible pressentiment. *Je ne sais pas pourquoi je m'attendais au pire.* C'était pour lui annoncer que Dominique s'était cassé le poignet en glissant sur le trottoir et qu'elle serait hospitalisée quelques jours pour des soins. Maria a exprimé son soulagement à voix haute, sans une once de culpabilité. Puis, en compagnie d'Angeles, elle est allée en début d'après-midi à l'Hôtel-Dieu apporter des affaires à la malheureuse avant de filer à la Maison de la Radio rejoindre Cuny, pour rien.

D'un hôpital l'autre. Hôtel-Dieu. Enfants malades. Tragédienne. Brune. Noire. Elle n'a peut-être pas toujours fait les bons choix. Cette année sortira *Le Testament d'Orphée*, dont le tournage s'est achevé en décembre et où elle incarne une nouvelle fois la Princesse, la Mort. Malgré son respect pour Cocteau et sa fidélité à son égard, elle n'a pas beaucoup aimé le premier film, il y a dix ans, qu'elle ne cite jamais dans ses interviews, et n'attend pas grand-chose de celui-ci, avec son scénario fumeux et sa ribambelle de gens célèbres qui ne sont pas des comédiens professionnels, ne jouent pas, se contentent d'être eux-mêmes, naturels. Maria Casarès ne comprend pas cette tendance qui touche le cinéma depuis quelques années. Elle évoque assez peu, de toute façon, sa carrière sur le grand écran, ou alors pour dire tout le mal qu'elle pense de Robert Bresson et des *Dames du bois de Boulogne* dans lequel elle avait pourtant le rôle principal, écrit pour elle. Elle place le théâtre largement au-dessus, le théâtre sans égal, sans comparaison possible, un don de soi total qui lui permet de se déployer quand le cinéma, estime-t-elle, l'oblige au repli sur elle-même, au figement, ne lui laisse aucune marge de manœuvre. Le cinéma, quoi qu'il en soit, ne fait plus appel à elle depuis bientôt dix ans. *Le Testament d'Orphée* est une exception, parce que Cocteau a repris les acteurs d'*Orphée*, et que la Mort, c'est elle. Maria Casarès a l'étiquette Tragédie collée au front. Elle joue Shakespeare, Claudel, Camus, Corneille, Racine. Exaltation. Passion. Héroïsme. On vient voir ses larmes, entendre ses cris. Est-elle une bonne actrice, une grande actrice ? Unanimes à ses débuts, *jeune prodige*, *brillante*, *géniale*, *idole du théâtre de Paris*, *nouvelle Réjane*, les critiques sont désormais divisés. Casarès compte un certain nombre de détracteurs qui lui reprochent son style outré, démodé, raillent son trémolo fanatique. Espagnole, donc forcément tempétueuse, ardente, macabre. *Du Nord, de l'océan, de Galice. Rien à voir.* Elle est née à La Coruña, en espagnol, A Coruña, en galicien, si doux. Si repoussant en français, La Corogne, qui sonne comme carogne ou charogne.

Une femme seule, pressée, qui marche dans la rue. Sa rue. Elle vient de quitter le boulevard du Montparnasse et avance vers le métro Falguière, vigilante, attentive à l'endroit où elle pose les pieds, ne veut pas glisser et se retrouver aux urgences à son tour. Elle a peut-être un peu froid dans son nouvel imperméable, et le petit chapeau ne lui couvre pas les oreilles, mais elle a tellement envie de plaire à Camus qui les lui a offerts, cette pensée est si réjouissante, protectrice, des cadeaux de Noël de cet homme qu'elle aime comme la vie même, qu'elle porte en elle depuis plus de quinze ans, amant, fils, frère, père, ami, complice, compagnon de toujours, mari non, Maria Camus, Maria Casarès Camus, Maria Camusarès, non. En réalité c'est elle qui les a achetés, avec le chèque qu'il lui a envoyé à cette intention, selon leurs *conventions*, trente mille francs. Maria aurait préféré attendre son retour, qu'ils échangent leurs présents les yeux dans les yeux, corps contre corps, ô la joie de déballer les paquets ensemble, d'essayer le « ciré » et de se dandiner devant lui, de lire dans son regard l'approbation et le désir, ça lui était égal de patienter jusqu'à début janvier avec cette perspective, cette promesse au fond du cœur. En Espagne, les Rois Mages apportent les cadeaux le 7 janvier seulement, même si elle, enfant unique, choyée, élevée au sein d'une famille progressiste, recevait aussi des étrennes le 25 décembre, son père déguisé en Père Noël. Mais Camus avait insisté, il voulait qu'elle s'offre son cadeau en son absence, dans ses deux dernières lettres il était revenu sur ce thème de l'imperméable, visiblement ça lui tenait à cœur, comme s'il se sentait coupable de ne pas être avec elle, de passer les fêtes avec une autre femme, son épouse, et leurs enfants, d'occuper dans son existence une place totale, mais dissimulée, dans l'ombre. *Quand le temps viendra, il faudra nous retirer dans un beau lieu et vivre enfin ensemble des jours de travail et de tendresse.* Comme s'il craignait de ne pas être là pour l'Épiphanie et lui recommandait précisément de ne pas l'attendre, de vivre sans lui.

Maria lève les yeux vers chez elle. Cette vue qu'elle aime tant. Son long balcon filant ouvert sur le ciel de Paris, les pigeons, faisant le tour de l'étage, rue et cour, impasse de l'Enfant-Jésus, où elle aime prendre des bains de soleil et plonger les mains dans la terre de ses fleurs et cultures en pot, dominant la ville. Sa mère chérie qui la guettait de là-haut pendant la guerre, les mains serrées sur la balustrade aux motifs ornementaux, et l'angoisse que Maria lui avait causée un soir où elle n'était pas rentrée au moment du couvre-feu, alors que les Allemands surveillaient en bas. Quand elle l'avait vue enfin arriver, raccompagnée par une patrouille, sa mère avait failli se jeter dans le vide. Il y a des années, quelqu'un a pris une série de photos de Camus et d'elle sur ce balcon, une fin de matinée ensoleillée. Il a passé son bras autour de ses épaules, elle a relevé ses cheveux en un chignon improvisé, et ils fument, tous deux dans des robes de chambre nouées sur ce qu'on devine être des pyjamas. Leurs visages vifs, encore ensommeillés, sont fiers et comblés. Ce sont les visages de jeunes mariés, le lendemain de leur nuit de noces.

Quand le temps viendra, cet amour rayonnera au grand jour. Pour l'heure il est sans doute encore tôt et le monde n'est pas assez grand. Personne ne sait, ne mesure la puissance, l'étendue du sentiment qui les unit, défiant les années et leurs propres contradictions. Des centaines de lettres, une correspondance de plus d'un millier de pages. Un homme, une femme qui se sont reconnus et choisis, juré respect, loyauté et amour éternel, malgré les déchirements du début, les disputes, les doutes, les longues et successives périodes de séparations professionnelles, familiales, conjugales, les renoncements, tentations extérieures, pulsions, passades, attirances, vrais coups de cœur, liaisons parallèles. Malgré une actualité agitée, le grondement d'une guerre, passée ou à venir, jamais loin. Elle, actrice célèbre, libre et intransigeante, qu'on dit autoritaire, colérique. Lui, écrivain célèbre, engagé, révolté, dont l'œuvre est traversée par l'exigence morale et une haute idée de la justice, marié à une autre. Maria a d'abord refusé cette situation, fait des scènes terribles. Puis elle a décidé, non sans mal, de vivre cet amour, de l'assumer tout entier, *sol y sombra*, avec femme et enfants. Camus ne quittera jamais Francine, son épouse, c'est un fantasme dans lequel il aime se projeter quand il lui écrit, *un jour viendra*, *quand le temps viendra*, comme pour se rassurer lui-même. Écrire l'avenir, c'est tenter de le diriger. Mais Maria sait qu'on ne le contrôle pas.

Il n'y a personne sur le balcon. Elle s'était dit, car elle a toujours aimé ce genre de superstitions qui enchantent les actes les plus ordinaires, si une silhouette apparaît au 6e, faisant les cent pas, fumant une cigarette, surveillant son retour, Angeles, Juan, *tío* Sergio, quelqu'un de sa *maisonnée*, cela signifiera que les nouvelles sont bonnes. Si c'est l'aimé, évidemment, excellentes. Ses mains tremblantes. Depuis le matin, ce malaise grandissant, incompréhensible, et l'impression absurde à présent, à mesure qu'elle avance vers le 148 rue de Vaugirard, d'entendre une sonnerie par intermittence. La fatigue, sûrement. Quand elle ne joue pas, Maria lit beaucoup, des pièces, des romans, sort le soir, assiste à des spectacles. La journée, entre deux enregistrements, elle va voir des expositions, court d'un coin à l'autre de la capitale, curieuse de tout, assoiffée. Jouir de chaque minute de la vie, vivre l'instant présent le plus intensément possible, aussi intensément que sur scène, l'instant présent avec ce qu'il comporte de nuances de couleurs et de noir, jusqu'à tomber d'épuisement et s'endormir repue. Demain elle retournera voir Dominique à l'Hôtel-Dieu avant de filer à la Maison de la Radio, en espérant que la grève ne sera pas reconduite. D'ici là elle aura forcément reçu un signe de Camus. *Je te suis pas à pas, jusque dans la tombe, et au-delà – à moins que je ne t'y précède. Qu'importe ! Un seul cœur aura battu en nous qu'on entendra encore, nous disparus, dans le mystère du monde*. Ces mots dans sa dernière lettre l'ont fait frémir, elle, la Galicienne, la fataliste. Écrire la mort, c'est tenter de la conjurer. Mais Maria sait qu'on ne le peut pas.

Elle a ralenti avant d'arriver en bas de chez elle, dans l'espoir, encore, que quelqu'un sorte sur le balcon. En vain. Ces croyances puériles et autre pensée magique l'angoissent finalement plus qu'elles ne la rassurent. Il y a bien une sonnerie, pourtant, elle l'entend plus nettement maintenant qu'elle entre dans son immeuble, elle n'est pas dans sa tête, ni dans la rue, ni chez les Enfants malades, c'est une sonnerie de téléphone et Maria a aussitôt la certitude qu'elle vient de son appartement, là-haut, au 6e. Comme si la porte était ouverte. Comme si c'était là, sur le seuil, et non sur le balcon, que quelqu'un l'attendait, guettait son retour, ce lundi 4 janvier 1960, en début de soirée.

Maria Casarès monte les étages du 148 rue de Vaugirard, son refuge, sa patrie depuis qu'elle a perdu son pays, sa cabane secrète, comme perchée dans un arbre géant, où elle s'est toujours sentie à l'abri, intouchable. Mais elle sait, a compris, que c'est terminé. Elle sait, avant même d'atteindre le 6e, puis quand elle pose le pied sur son palier et voit la porte de chez elle ouverte en effet, et dans l'entrée Angeles s'enfuir brusquement dans la pièce d'à côté, et Micheline, son agent, assise là sur une chaise de fortune, tournant dans sa bouche, dans son cœur, la phrase qu'elle va prononcer, cherchant inutilement comment l'énoncer de façon à en atténuer le sens, tandis que le téléphone continue de sonner et que personne ne répond.

– Albert est mort.

Cette phrase que Maria entendra désormais tout le temps qu'il lui reste à vivre.

Au lit, au lit : des coups dans la porte : venez, venez, venez, venez, donnez-moi votre main : ce qui est fait ne peut être défait : au lit, au lit, au lit, au lit.

À vivre sans lui.

Elle, c'est María Victoria Casares Pérez, mais tout le monde l'appelle Vitoliña, sauf son père, qui préfère Vitola.

Elle est allongée sur un banc, dans la gare du Perthus, Pyrénées-Orientales, la tête sur la cuisse de sa mère, elle porte un manteau fourré d'écolière et des bottines, un bandeau clair entoure ses cheveux noirs, noués en une tresse. C'est un matin de novembre 1936, à l'aube. Malgré leurs vêtements chauds, de qualité supérieure, le froid leur transperce les os, et dans le train de Barcelone qui les a amenées à la frontière elles n'ont pas dormi de la nuit, mais ce n'est pas pour cela que le corps de la mère est secoué de soubresauts, de hoquets, qui font régulièrement trembler la tête de Vitoliña. Gloria Pérez Casares, bien droite, son beau visage de porcelaine immobile, ses yeux d'un bleu translucide fixés sur un point qu'elle seule peut voir, pleure. On dirait une princesse russe en exil, avec ses cheveux blonds, fins, coupés en un carré élégant, et ses nombreuses valises en peau de porc à côté d'elle, sa fille unique contre elle à sa droite, un jeune homme dans la même position à sa gauche. Elle a posé ses mains gantées sur l'un et l'autre dans une symétrie impeccable, esquissant de petits mouvements circulaires du bout des doigts, et ainsi, au rythme de ses sanglots silencieux, leurs trois corps soudés vibrent à l'unisson.

Vitoliña n'a jamais quitté l'Espagne, ce sont ses premières minutes en France, dans cette gare minuscule au cœur de la montagne où un haut-parleur diffuse en boucle une chanson dont elle saisit quelques mots du refrain, *tout va très bien, madame…* Le reste lui échappe, mais elle s'accroche à ces mots dont elle n'a pas encore décidé s'ils étaient encourageants ou purement cyniques. Elle a froid et faim et sommeil. D'habitude, elle est capable de dormir n'importe où, n'importe quand, de *fuir le malheur* par l'abandon momentané de la conscience. À l'hospital Oftálmico, à Madrid, qui accueille les miliciens blessés et où elle s'est occupée pendant trois mois, malgré son jeune âge, d'une salle de douze lits, il lui arrivait pendant ses pauses de faire une sieste de dix minutes à peine, assise sur une chaise, et aussi, dans les cas extrêmes, cela s'était produit trois fois, de s'évanouir. Mais ici pas moyen. Couchée en chien de fusil sur ce banc en bois, dans le petit hall traversé de courants d'air où quelqu'un doit venir les chercher, le maire ou une personne de la mairie, Vitoliña ne parvient même pas à fermer les yeux, ni à sangloter comme sa mère dont elle sent les frissons continus et la main dans son dos. Elle contemple les valises qui contiennent tout ce qu'elles ont pu emporter d'Espagne, plus exactement de Madrid où elles ont vécu ces dernières années, quand son père a commencé à enchaîner les portefeuilles ministériels. Elles n'ont pas pu retourner en Galice comme elles le faisaient chaque été depuis 1931 : il y a eu un coup d'État en juillet, et son père, président du Conseil, a été obligé de démissionner. Il est parti sur le front de Guadarrama, tandis qu'elles deux s'engageaient comme volontaires à l'Oftálmico : d'abord sa mère Gloria, qui n'avait jamais travaillé de sa vie – *Maman passait son temps à se déshabiller pour se rhabiller en « déjeuner », « salon de thé », « dîner de gala », « réception officielle »* –, puis elle, Vitoliña, après avoir insisté obstinément pour faire plier son père. Jusqu'à la mi-octobre où Santiago Casares Quiroga a organisé, ordonné, leur départ à toutes deux, à Barcelone, puis à Paris, sous prétexte qu'elle, Vitola, ne devait pas *gâcher son temps d'études* et que sa santé se détériorait, comme le prouvaient ses évanouissements à répétition.

La première fois, elle n'a pas supporté le bruit de la scie coupant la jambe d'un jeune prêtre qu'il avait fallu amputer, un curé doux au visage mélancolique, qui avait rallié leur camp et s'est mis à pleurer doucement quand on a posé sa jambe sur l'étal. Debout contre la porte dans la pièce voisine, les poings serrés, Vitoliña s'est enfuie dans le couloir dès qu'elle a entendu les crissements. Des heures plus tard, elle est tombée, d'un coup. La deuxième, elle a attendu pendant toute une nuit l'épouse d'un jeune milicien qui était arrivé en charpie et avait agonisé d'une gangrène un peu avant minuit. Quand la pauvre femme est arrivée vers six heures du matin, Vitoliña l'a accompagnée dans la chambre mortuaire où l'odeur de la chair putréfiée du cadavre l'a saisie d'effroi. Mais ce n'est pas à cet instant qu'elle a tourné de l'œil. L'effet du choc a été différé et elle s'est écroulée dans les bras de sa mère des heures après. La troisième, c'est la vision d'une sonde enfoncée dans une plaie profonde qui l'a fait vaciller. Elle assistait les médecins et tenait la cuvette dans laquelle on jetait les gazes et les cotons souillés, comme d'habitude, et s'est effondrée sur place, devant tout le monde, au pied du lit. L'ouïe, l'odorat, la vue. Elle a éprouvé tous ses sens. Et goûté à l'injustice, la révolte, l'horreur, mais aussi à la compassion, la franche camaraderie, la solidarité, la fraternité, *l'amitié virile, libre et pudique. Oui, on s'amusait à Madrid. On blaguait fort à l'hôpital.* Mais son père a estimé que ça suffisait, elle n'avait que treize ans. Gloria et elle iraient en France en attendant que la situation s'arrange. C'était l'histoire de quelques mois, l'insurrection finirait par être écrasée, la République espagnole était solide et bénéficiait de nombreux soutiens. Dans moins d'un an elles seraient de retour et la vie reprendrait comme avant, ils passeraient tous ensemble l'été prochain en Galice.

Vitoliña n'a rien dit, pas protesté. Son père dénigré, fragilisé, malade, vieilli de dix ans, en tenue de milicien, un fusil à la main. *Tout va très bien, madame…* Mais pour la première fois de sa vie, elle ne l'a pas cru. Et si sa mère pleure autant, inconsolable depuis qu'elles sont montées dans le train hier soir à Barcelone, c'est parce qu'elle ne le croit pas non plus, même si elle prétend le contraire. Elles partent pour longtemps, peut-être pour toujours, ne reviendront jamais en Espagne, à Madrid, à La Coruña ; Vitoliña ne reverra plus sa maison natale de la rue Panaderas, ni l'arbre dans lequel elle aimait grimper et rester des heures, ni le grand *pazo*, le manoir près de l'océan où elle a passé tous ses étés depuis l'enfance, elle en a l'intuition à cet instant, même si elle ne peut pas mesurer ce que cela signifie réellement. Le thème de la séparation a bercé son enfance, il hante les chansons et les légendes de sa région, burine les visages, façonne les comportements, Galice terre d'exil. Tel est le destin de ses frères dispersés partout dans le monde, en Amérique, en France, dans le reste de l'Espagne, vivre loin de chez eux, de leurs racines, de ce qu'ils aiment. C'est le sien à présent, Vitoliña le sait. Son père, sa demi-sœur Esther, son beau-frère, sa petite nièce, sa tante, ses amis et Susita, qui s'est occupée d'elle depuis toujours, sont restés en Espagne. Personne ne peut dire quand ils seront de nouveau réunis, ni s'ils le seront un jour. Pour avancer, il va falloir oublier ce qu'elle laisse derrière elle, personnes et paysages. Ne pas se retourner. *Cortar por lo sano*. Trancher dans le vif. Elle l'accepte, les poings serrés, ses yeux secs fixés sur les valises qu'elle a vu sa mère remplir d'un bric-à-brac incohérent, parfaitement inutile. Sa vie recommence aujourd'hui, comme une deuxième naissance, et c'est irréversible, affreux et excitant à la fois.

Une cape de zibeline. Des éventails. Des châles de Manille. Des mantilles. Un déguisement de petite Chinoise au complet, chaussures comprises. Des bijoux de pacotille. Des fourchettes. Des couteaux. Des flacons vides. Des rubans tricolores à l'emblème du drapeau républicain. Des pièces de Shakespeare traduites en espagnol. Des livres reliés par mon père et différentes éditions de la Constitution de la IIe République espagnole. Voilà ce qu'elles emportent d'Espagne. Un bric-à-brac de riches, d'insouciantes, de privilégiées, que le maire du Perthus, Joseph Casademon, va venir chercher d'un instant à l'autre et prendre en charge, dont il va faciliter les premiers pas et l'installation en France, activant son réseau de relations jusque dans la capitale. Un attirail de nanties, habituées à être servies par une armée d'employés en ville et à la campagne, l'épouse et la fille de Santiago Casares Quiroga, décoré de la Légion d'honneur française. En novembre 1936, peu nombreux encore sont les Espagnols qui prennent le chemin de l'exode. Vitoliña et sa mère Gloria, si bien mise, si gracieuse, sont parmi les premières, innocentes victimes, dotées de multiples recommandations et de ressources certaines, elles seront bien accueillies, soutenues, accompagnées. Rien à voir avec les silhouettes misérables, creusées, affamées, qui envahiront trois ans plus tard, au moment de la Retirada, la même gare du Perthus, et qu'on parquera dans des camps.

Et il y a ce jeune homme qui dort, ou feint de dormir, sur la cuisse gauche de sa mère. On pourrait le prendre pour son frère aîné, c'est d'ailleurs ce que doivent penser les gens devant le tableau qu'ils offrent tous trois sur ce banc, la mère élégante et digne, protégeant sous ses ailes ses deux grands enfants. La fille a les traits encore lourds des adolescentes de son âge, un nez empâté, des oreilles décollées, qui tranchent avec la forme très affirmée de son visage ovale, avec des pommettes hautes et un menton pointu laissant présager un caractère fort, difficile. Mais le garçon, avec ses fines moustaches, son teint hâlé et sa gueule d'ange, ses lèvres sensuelles, a fière allure. On imagine l'orgueil de la mère, petite quarantaine, séduisante, quand elle se promène au bras de ce fils de dix-huit ans que les autres femmes regardent avec envie, deux êtres faits pour parader dans la belle société, non pour sommeiller sur un banc public à une frontière dans le froid d'un mois de novembre, avec la fille collée à eux, vilain petit canard, furieuse et jalouse. Son frère, Enrique. Voilà ce que croient les gens, ou ce qu'ils veulent bien croire, puisque c'est aussi ce qu'ils prétendent tous les trois, la version officielle qu'ils racontent à qui veut bien l'entendre alors que personne n'est dupe, personne ne peut être dupe de ce fils de concierge andalou beau parleur, qui n'est pas son frère mais le nouvel amant de sa mère, et c'est peut-être ce qui rend Vitoliña folle de rage. Peut-être pas.

Au début du mois dernier, un matin d'octobre, à Madrid, lorsqu'elles sont montées dans la voiture qui les conduisait comme tous les jours à l'hospital Oftálmico, sa mère et elle ont remarqué des taches de sang tout juste séché à l'arrière. Alors leur chauffeur, Paco, qu'elles connaissaient depuis longtemps, depuis la Galice, dont elles aimaient toute la famille, leur a expliqué sans sourciller qu'avec d'autres camarades ils avaient *baladé* un gars pendant la nuit. Il était désolé, n'avait pas eu le temps de nettoyer. Sa mère n'a fait aucun commentaire. Elle a rougi violemment, s'est mordu les lèvres; Vitoliña n'a pas réagi sur le moment, mais quelques heures plus tard, alors qu'elle déjeunait rapidement avec d'autres volontaires, elle a soudain compris. *Balader*, ça voulait dire torturer. Dans sa voiture. Son chauffeur. Elle a vomi tout ce qu'elle venait d'avaler. L'après-midi même, la porte de la salle dont elle était responsable s'est ouverte brusquement, et un jeune homme dans un fauteuil roulant a fait une entrée spectaculaire, l'interpellant devant ses blessés. *C'est toi, Vitoliña, n'est-ce pas ? Ta jolie maman m'a beaucoup parlé de toi...* Un type incroyablement beau et arrogant, avec un regard de fauve traqué. Elle l'a détesté aussitôt, a deviné ce qui se passait, ou allait se passer, entre sa mère et lui, tout le monde l'a deviné, ce n'était pas difficile, *tu madre tan guapa*. Tout le monde savait et feignait de ne pas savoir, *tous complices*, cela faisait partie de la grande hypocrisie sociale qu'elle avait percée à jour au cours des dernières années, et qui l'avait violemment expulsée hors de l'enfance. Sa mère avait des amants, généralement des jeunes gens qui se trouvaient à portée de sa main, subordonnés à elle et employés par son mari, professeur de dessin, chauffeur, pour ceux que Vitoliña avait repérés. Et maintenant, ou très bientôt, ce militant du POUM avec son foulard rouge et sa casquette qui lui allaient à ravir, ce garçon guère plus âgé qu'elle, qui s'était malencontreusement blessé en nettoyant son fusil, comme par hasard, une petite balle de rien du tout dans le mollet, une éraflure, mais qui lui interdisait de retourner au front et lui permettait de roucouler tranquillement avec sa mère, pendant que son père, lui, se battait réellement. Enrique, son *frère*. Qu'elle associerait toujours aux taches de sang séché dans la voiture, à la torture, à la nausée.

Ce n'est sans doute pas une coïncidence si son père les a envoyées à Barcelone, le temps d'organiser leur départ pour la France, peu de temps après cette journée. Vitoliña préfère cette hypothèse, réaction d'orgueil, *pundonor*, Santiago Casares Quiroga, ministre déchu et mari cocu, qui risquait sa vie sur le front malgré une santé fragile, réaffirmant son autorité et rétablissant l'ordre conjugal, précisément au moment où les troupes de Franco arrivaient aux portes de Madrid. L'autre hypothèse, c'est que la guerre est en train d'être perdue et que son père le sait très bien, mais elle ne veut pas en entendre parler. Et dans la capitale catalane, où elles ont attendu plusieurs semaines les consignes de Madrid dans l'incertitude la plus totale, la conscience déchirée, rester ou fuir, abandonner les leurs quand Barcelone remplie de jeunes combattants étrangers venus se battre pour la République espagnole semblait imprenable, qui ont-elles retrouvé, nonchalant et narquois, venu sur place prétendument pour soigner un début de tuberculose ? L'irrésistible Enrique López Tolentino. Si tout a été manigancé entre sa mère et lui depuis Madrid, ou s'il a décidé seul de saisir l'occasion de s'extraire à la fois du piège espagnol et de sa condition sociale en rejoignant sa bourgeoise de maîtresse sur la route de l'exil, Vitoliña l'ignore et souhaite continuer de l'ignorer. Depuis, le bel anarchiste ne les quitte plus, fils prodigue tombé du ciel, et c'est tout naturellement qu'il se retrouve avec elles dans la gare du Perthus, doté lui aussi d'un passeport diplomatique. Tous complices, même son père. C'est peut-être ce qui lui broie les entrailles ce matin de novembre, lui cause des douleurs abdominales épouvantables. Peut-être pas.

Elle se recroqueville davantage contre sa mère. Elle a toujours eu mal au ventre, depuis sa naissance. Selon la légende familiale, ce serait à cause des potions aux herbes qu'on a fait boire à Gloria pendant sa grossesse. Ses parents, issus tous deux de lignées d'épileptiques et de tuberculeux, son père, seul survivant parmi une fratrie de neuf, lui-même fragile et souffrant, ne voulaient pas d'enfant. Quand Gloria est tombée enceinte, *par maladresse ou distraction*, ils ont eu tellement peur que leur progéniture hérite des maladies qui avaient décimé les leurs qu'ils ont fait appel à une armée de médecins, tous détenteurs de remèdes miracle. L'un d'eux a prescrit à Gloria un traitement à base de plantes qui aurait détraqué pour la vie les intestins de l'enfant. Une explication bien pratique, qui peut également s'appliquer aux autres symptômes, les *nerfs*, le caractère bilieux, farouche, sauvage, fier, passionné, l'impatience, l'agressivité, *si Vitoliña est comme ça, c'est à cause des herbes*. Vitoliña, enfant non désirée puis aimée comme une pierre précieuse sous cloche, couvée, tenue à l'abri du monde extérieur, élevée six mois dans la belle et vaste maison de La Coruña, six mois dans le grand *pazo* près de l'océan, ainsi que le recommandaient les docteurs consultés avec ferveur. Comptant à temps plein sur trois domestiques en ville, six à la campagne, et Susita pour veiller sur elle partout, présente dans sa vie les neuf premières années en Galice ainsi qu'au cours des cinq suivantes à Madrid ; présente à ses côtés à toutes les périodes, gloire et disgrâce, que les Casares ont traversées, de la prison dans laquelle Santiago, opposant politique, a croupi quelques mois, au gouvernement où il a fini par accéder. Même ce soir de juillet dernier, le soir du coup d'État, du grand malheur, dans le bureau du ministère de la Guerre où ils s'étaient réunis, *dans une grande salle solennelle, aux murs tapissés de portraits d'ancêtres, comme à la Comédie-Française*, Susita était là, en larmes.

C'est elle qui aurait dû être ce matin au Perthus avec Vitoliña et sa mère sur le banc en bois de la gare, et même entre elles, à la place de Gloria. Elles se seraient blotties contre son corps chaud. Susita les aurait réconfortées, consolées, secouées, elle aurait sermonné Gloria parce qu'une femme de son rang ne peut pas se laisser aller en public, doit montrer l'exemple en toutes circonstances, exil compris, surtout l'épouse de don Santiago. Sa mère de toute façon, si Susita avait été là, n'aurait pas eu cette attitude, les pleurs muets de madone, les caresses prodiguées à sa fille et à son amant dans une harmonie et synchronisation parfaites. Elle n'aurait pas eu la tête dudit amant sur la cuisse, n'aurait pas eu d'amant du tout. Susita vénérait le père de Vitoliña, et la liberté conjugale que Gloria s'autorisait presque au grand jour quand ils vivaient à La Coruña la choquait, comme tous les autres domestiques. Une liberté inouïe dans une ville de province de l'Espagne des années 1930. Paradoxalement à Madrid elle avait été plus discrète, sans doute à cause des responsabilités de son mari et du rang à tenir. Susita jasait sans arrêt à ce sujet, et Vitoliña fillette accrochée à ses jupes, qui la suivait jusque dans les cuisines, avait fini par déchiffrer le sens des réflexions énoncées devant elle à mots plus ou moins couverts. *C'est elle qui a déclenché, à son insu, mon animosité contre maman.* Susita avait ouvert les yeux de Vitoliña, propulsant malgré elle l'enfant hors de la bonbonnière où elle avait été enfermée jusque-là, fissurant le théâtre de marionnettes dans lequel elle avait grandi, lui dévoilant le décor, les coulisses et la machinerie mal dissimulée derrière qu'elle n'avait pas vue ou voulu voir, concentrée sur ce qui se jouait sur scène, faisant naître en elle des sentiments puissants et contrastés. Ses premières émotions sexuelles, associées à la honte, à la culpabilité, au secret et à l'interdit, Vitoliña les devait à Susita, représentante d'un ordre moral, ancestral, catholique, dont elle ne comprenait pas qu'il pût être transgressé par les gens qu'elle servait. Elle aurait fortement désapprouvé la compagnie d'Enrique López Tolentino, n'aurait pas permis celle-ci. Mais Susita ne les accompagne pas en France. Elle est retournée en Galice avec Esther et son bébé, et quand Vitoliña pense à Susita, à sa sœur, à sa nièce, à sa mère et son père, à sa mère et Enrique, ses crampes s'accentuent. Sa mère si blonde, si belle, sa silhouette élancée, sa peau blanche, ses courbes voluptueuses, et elle comme une copie ratée en noir et blanc, sans forme, avec son gros nez et son menton saillant, ses cheveux comme du charbon *¡ Qué feita es !* s'était exclamée la mère d'Esther un soir où elle l'avait rencontrée à Madrid, et qu'on la traite de laideron avait fait rire Gloria.

À Barcelone, dans le meublé étroit où ils ont cohabité tous les trois ces dernières semaines, mère et fille partageant la chambre unique, dormant dans le même lit, laissant le canapé du minuscule séjour au frère convalescent, Vitoliña a entendu une après-midi, à l'heure de la sieste, Enrique et sa mère faire l'amour. Ce n'était pas un hasard. Elle avait prétendu qu'elle n'avait pas sommeil et préférait faire un tour dehors, ne supportant plus les tensions de différentes natures qui saturaient l'appartement, étouffant, son ventre au bord de l'explosion, mais elle est revenue quelques minutes plus tard et, avec la plus grande discrétion, a collé l'oreille au mur de la chambre à l'intérieur de laquelle ses deux colocataires avaient disparu. À La Coruña, elle avait surpris ou cru surprendre des gestes, perçu des soupirs, des choses infimes et furtives, réelles ou imaginées à travers une porte entrouverte, aussitôt interrompues, ne racontant presque rien du grand mystère qui suscitait la réprobation des domestiques et chez elle un trouble inconnu. Elle avait vu des animaux s'accoupler et lu dans les livres de son père, qu'il avait mis à sa disposition à cet effet, sans aucune censure, estimant que cela faisait partie de son éducation, comment se reproduisaient les êtres humains. Mais aucune description scientifique, aucune représentation méthodique ou fantasmée, ne correspondait à ce qui se passait de l'autre côté du mur qu'elle s'est retrouvée sans s'en rendre compte à plaquer tout entière. Elle est ressortie en courant, claquant la porte du meublé sans aucune retenue, faisant le plus de bruit possible afin de déranger les amants, de leur gâcher la fête, de leur ficher une trouille bleue et des remords atroces, a dévalé les escaliers à toutes jambes, et n'est revenue que des heures plus tard, sans le moindre souvenir de ce qu'elle avait fait, d'où elle était allée, les joues en feu, pleine de colère contre tout le monde et elle-même, en proie à des coliques violentes et à un début de fièvre, trouvant sa mère seule, pâle, qui se tordait les mains d'anxiété, tandis qu'Enrique était parti à sa recherche. Personne n'a commenté l'incident. Et ils ont continué comme si de rien n'était.

Ce petit bâtard d'Enrique. *Il se disait terroriste, reniait son père pour prouver les relations de sa mère avec un « seigneur » de Jaen dont il se déclarait le fils.* Avec son accent andalou et son insolence, sa morgue, ses fanfaronnades. L'Espagnol typique du sud. Tout le contraire de Santiago Casares Quiroga, modeste et introverti, véritable héros aux yeux de sa fille, prêt à défendre Madrid jusqu'au bout, se sacrifiant à sa cause, qui ne s'était pas tiré une balle dans le mollet, lui, afin d'échapper aux combats comme l'autre, le frère, l'amant, qui résiderait bientôt à Paris, capitale de la

France, où il n'aurait jamais mis les pieds s'il avait été un vrai guerrier *¡ No pasarán ! ¡ La unidad del ejercito del pueblo será el arma de la victoria !*, et non un gigolo entretenu par une femme mariée de vingt-cinq ans son aînée, qui aurait pu être sa mère mais par malheur était celle de Vitoliña; entretenu plus exactement par le mari de cette femme, ce dernier s'avérant par malheur être le père de Vitoliña; qui fermait les yeux et payait tout à distance. Comment son père, qui lui avait fait découvrir et aimer les pièces de Shakespeare, pouvait-il consentir et même participer à ce mauvais théâtre, elle ne l'expliquait pas, et éprouvait à cet égard un mélange confus de ressentiment et de sentiment d'humiliation, empreint de tristesse.

Ton père non plus n'est pas au front, qu'est-ce que tu crois. Il n'a pas tenu longtemps, ils l'ont vite ramené à Madrid, soi-disant pour raisons de santé, et il a peut-être même déjà fui à Valence avec l'ensemble de ce gouvernement d'incapables, lui a lancé Enrique une autre après-midi où ils se sont retrouvés tous les deux dans le meublé, Gloria occupée à l'extérieur par des démarches pour l'obtention de leurs papiers ou quelque obligation mortifiante liée à son statut d'épouse de président du Conseil déchu, Santiago Casares Quiroga, perçu comme un homme politique impuissant et lâche par beaucoup de républicains, et comme une *figure répugnante du phtisique, ennemi de l'Espagne une, grande et libre de Franco* par les nationalistes.

Ton père nous rejoindra bientôt quand nous serons en France, en attendant c'est moi qui veille sur vous, c'est moi l'homme de la famille qui suis là pour vous protéger, tu ne te rends pas compte, une femme et une fille seules, vulnérables, la femme et la fille d'un des hommes les plus haïs d'Espagne, belles comme le jour toutes les deux... Vitoliña était folle de rage. Elle aurait voulu le gifler, le griffer, lacérer sa belle gueule de voyou, et ses fossettes qui apparaissaient dès qu'il souriait. Tout n'était que calomnie et propagande fascistes. Son père au contraire avait voulu armer le peuple, et le peuple le savait très bien, raison pour laquelle il a été contraint de démissionner, même s'il n'a rien dit, pas démenti ce ramassis de médisances, son père victime sacrifiée de la République, telle était la vérité et jamais, de toute sa vie, elle ne renoncerait à cette version de l'Histoire d'Espagne. Comme si par ailleurs elle n'avait pas compris la stratégie de cette canaille d'Enrique, après la mère séduire la fille pour assurer ses arrières le jour inévitable où il serait désavoué et remplacé, Gloria susceptible de se lasser de lui une fois installée, tel qu'elle l'envisageait, dans les beaux quartiers de Paris, paonnant dans les salons au bras d'un nouvel amant mieux né que lui, créant ainsi et exploitant une rivalité entre elles, se rendant parfaitement indispensable à l'une comme à l'autre, *belles comme le jour toutes les deux.*

Vitoliña savait qu'il mentait. Elle n'avait ni l'élégance ni le raffinement ni la séduction de sa mère, qui était blonde avec des yeux bleus et des formes pleines, une vraie femme, avec ses robes et ses postures et ses airs distants, langoureux, de grande bourgeoise abandonnée, alors qu'elle était encore une gosse maigre et plate, brûlante de rage intérieure, mal fagotée, les cheveux épais et noirs comme une paysanne de Castille. *Mais moi en réalité je préfère, j'ai toujours préféré les brunes, Vitoliña, Victoria, en réalité tu es beaucoup plus à mon goût, j'aime les femmes sauvages et ardentes, tu me plais tellement Vitoliña, Victoria querida, ma petite crotte de bique, toi et moi on se ressemble.* Elle ne le croyait pas, certainement pas, ils n'étaient pas du même monde et ne le seraient jamais, *il cherchait la chaleur d'un nid plus douillet et mieux placé que la loge où il s'était élevé et dont sa mère était concierge.* Mais il n'était pas du tout déplaisant d'entendre ces mots dans cette bouche, qu'elle regardait bouger toute seule comme par magie, autonome et ivre, rehaussée de fines moustaches, pas du tout désagréable, même en cherchant les meilleurs arguments pour repousser l'insolent, consciente d'ajouter du mensonge au mensonge, de la trahison à la trahison, même si elle adorait sa mère et son père. Elle ne le croyait pas mais a décidé d'entrer dans son jeu et de faire comme si tout, tirades, gestes, regards, attitudes, sentiments, était vrai. De tenir son rôle sur la grande scène où elle se mouvait entre tous, jusque-là sans direction. *La vida es sueño*. Ainsi, c'était bien plus grisant. Quand elle jouait, elle reprenait le contrôle, se sentait puissante, invulnérable, comme dans son arbre préféré du jardin à La Coruña où enfant, juchée sur une branche, elle déclamait à tue-tête des poèmes de Rubén Darío, de Valle-Inclán, des monologues de Calderón, s'inventait des histoires, s'imaginait mille aventures au-delà du mur de la propriété familiale, au-delà de l'océan, mille existences fantastiques dont elle était l'héroïne libre et tragique, même belle, oui, elle était belle, ou le serait, et fatale, et brune, plus que sa mère, si blonde, si pâle, âgée bientôt, déclinante déjà. Alors une autre après-midi encore, à l'heure de la sieste, tandis que Gloria était sortie et qu'elle feignait de dormir envahie par la fureur et le désir, commençant à soupçonner que l'une et l'autre étaient étroitement liés, que sa violence intérieure était aussi l'expression de son énorme appétit de vie, elle a laissé Enrique la caresser et l'embrasser.

Tout va très bien, madame... La mère, la fille, le jeune homme, les valises en peau de porc, la gare du Perthus, novembre 1936. Le jeune homme est l'amant de la mère et la fille le sait, et la mère sait qu'elle le sait. Il sera bientôt également l'amant de la fille, et la mère et la fille et le jeune homme le savent, et sans doute aussi le père là-bas, à Madrid. C'est peut-être pour cela que la fille a mal au ventre et que la mère pleure. Peut-être pas. Ils viennent de quitter leur pays natal, l'Espagne, en guerre depuis quatre mois, une guerre qui se durcit, s'enfonce chaque jour dans l'horreur, une escalade irréversible. L'Andalousie, la Galice, la Navarre sont déjà tombées. Madrid tient toujours grâce à la rage de ses seuls habitants, et Vitoliña préfère ne pas penser que sa place devrait être là-bas avec eux, alors que les pays que son père affirmait être leurs amis, dont le Front populaire de Léon Blum, ont voté un pacte de non-intervention, et que les nationalistes sont armés par l'Allemagne. L'Espagne républicaine abandonnée à son sort. La fille et le jeune homme sont couchés sur un banc, comme lévitant à quelques centimètres du sol, seule la mère a les pieds posés sur la terre de France.

Qué es la vida ? Un frenesí. Qué es la vida ? Una ilusión, una sombra, una ficción, y el mayor bien es pequeño : que toda la vida es sueño, y los sueños, sueños son.

Dans quelques jours ils seront tous les trois à Paris.

Elle, c'est Marie-Victoire Casares, 3e B.

C'est écrit en rouge sur son tablier écru, comme sur celui de toutes les élèves du lycée Victor-Duruy, Paris 7e, dont le nom et la classe sont cousus sur la tenue obligatoire de l'établissement. Une tenue austère pour petites filles modèles, issues de la bourgeoisie parisienne et étrangère, en réalité des *vierges en chaleur*, parmi lesquelles elle, qui vit au milieu d'un prodigieux capharnaüm dans un deux-pièces-cuisine-salle de bains exigu et dort avec sa mère sous une cape de zibeline, s'efforce de passer inaperçue, feignant de *partager leurs jeux, leurs soucis, leurs rêves* dont, la plupart du temps, elle se contrefiche. Accompagnées jusqu'à Paris par le maire du Perthus, Gloria et elle se sont installées à l'hôtel Paris-New York, 148 *bis* rue de Vaugirard. Une adresse modeste, temporaire, un petit meublé au 4e, donnant sur cour, plus exactement sur les entrepôts de l'hôpital Necker-Enfants malades, le 20 novembre 1936, deux jours avant qu'elle ait quatorze ans. Gloria, elle, et un très beau garçon, Enrique, qu'elles s'efforcent désormais d'appeler Henri en public et font passer pour son frère alors qu'il couche avec sa mère et aussi, maintenant, avec elle, ce que ses camarades de Victor-Duruy sont bien entendu loin de soupçonner. Des filles de bonne famille, *sevrées d'hommes,* préoccupées par les transformations de leur corps, alors qu'elle a ses règles depuis un moment et n'est plus vierge.

Exilée des autres, de son enfance, d'elle-même. Elle ne supporte pas le prénom *María* prononcé à l'espagnole, avec l'accent sur le *í.* Personne ne l'a jamais appelée ainsi. En Espagne, *María* est souvent le premier élément d'un prénom composé dont on ne retient que le second. Le sien, c'est Victoria. Mais personne ne l'a jamais appelée ainsi non plus. En Espagne, on a la manie des diminutifs, elle n'y a pas échappé, Vitoliña, Vitola, malgré son père qui les a en horreur, comme le bruit, les corridas, l'Église, les fascistes. Son père est un progressiste, très apprécié des Français, ce peuple raffiné qui soutient en cachette, d'après ce qu'on lui a expliqué, les Républicains espagnols. Par bonheur on lui a épargné Vicky, surnom traditionnellement associé à Victoria. À Victor-Duruy où elle s'est inscrite rapidement après son arrivée à Paris, on la désigne sous le prénom de Marie-Victoire, dans lequel elle a bien du mal à se reconnaître, ce qui oblige souvent une de ses camarades à lui donner un coup de coude quand on l'appelle. *C'est toi.*

Marie-Victoire Casares. Elle répète son nom comme un rôle qu'elle doit rendosser chaque matin, en même temps que son uniforme de collégienne exemplaire, avec son col en dentelle et son serre-tête blanc, quand elle quitte le meublé de la rue de Vaugirard pour rejoindre l'établissement. Elle aime Mme Wursmer, qui dirige la classe des élèves étrangères et lui fait découvrir aussi bien les grands écrivains français que les musées et monuments parisiens. Si l'établissement était mixte, il ressemblerait presque en tout point à l'Instituto-Escuela, institution libre d'enseignement avec ses cours théoriques et pratiques, ses sorties pédagogiques, qu'elle a fréquenté pendant ses années madrilènes, entre 1931 et 1936. Mais si elle ne veut plus se souvenir de l'Instituto-Escuela ni de son hymne ni d'Isabel Lorca qui fut son enseignante et dont le frère Federico, poète, a été assassiné par les franquistes, ni de ses camarades ni des deux garçons dont elle a été un peu amoureuse, ni de l'expérience théâtrale pathétique qu'elle y a connue – à cette époque quand on lui demandait ce qu'elle voulait faire quand elle serait grande elle répondait *danseuse* ou *chanteuse* ou *pleureuse*, sentant qu'il lui faudrait trouver le moyen d'exprimer, de canaliser dans une discipline, son exaltation débridée, même si pour les spectacles de fin d'année elle avait un trac épouvantable qui la rendait malade et agressive et lui faisait perdre tous ses moyens –, ni du Prado ni de Goya ni de Velázquez dont la perfection des œuvres la foudroyait sur place pendant des heures avant de lui donner envie de hurler. Elle veut tout oublier de l'Espagne et s'applique le mieux qu'elle peut en classe à combler ses lacunes dues à une éducation fantasque, parents bohèmes, riches, libéraux, athées, cartésiens, et à une scolarité plusieurs fois interrompue, déménagements multiples, grâces et disgrâces du père, guerre, exil. Marie-Victoire s'est lancée à la conquête du français pour laquelle elle livre une bataille sans merci avec une voracité et une détermination peu communes, à la grande joie de Mme Wursmer qui s'est prise de passion pour elle, et ne tolère presque plus qu'on lui parle en espagnol, exception faite de sa mère, incapable au bout de quelques mois en France de prononcer plus de trois ou quatre phrases banales avec un accent à couper au couteau, et d'Enrique, pour d'autres raisons. *Ses mots rauques, chuchotés à mon oreille, les seuls mots d'amour dits en espagnol par un Espagnol que j'aie entendus de ma vie.*

Élève modèle le jour, maîtresse de l'amant de sa mère la nuit. Au 148 *bis* rue de Vaugirard, elle est toujours Vitoliña. Mais une Vitoliña qui connaît désormais le corps d'un homme, son poids sur elle. Et dort blottie contre sa mère, admirant ses rondeurs, sa beauté éthérée, sa joie, son élégance travaillée, capable de faire illusion avec rien, un châle, un accessoire, la fameuse cape de zibeline multifonction, parure éblouissante à l'extérieur, dessus-de-lit à l'intérieur, tournant la tête des hommes alentour par distraction, quasiment par inadvertance, se donnant à eux par désœuvrement, sans jamais s'abandonner vraiment, devenue indifférente presque à tout, *après avoir versé toutes ses larmes à la frontière, on eût dit qu'elle était débarrassée de toute crainte et de toute peine*, sauf à sa fille unique Vitoliña qu'elle entoure d'un amour fusionnel et exclusif. Le meublé triste et poussiéreux de l'hôtel Paris-New York ne correspond pas au type de logement auquel mère et fille ont été habituées jusque-là, maisons galiciennes à plusieurs étages en ville et à la campagne, appartements madrilènes spacieux, palaces lors des premiers séjours à Madrid et d'un voyage en Andalousie, avec chaque fois du personnel à leur service, et il faut tout l'art et la fantaisie lumineuse de Gloria pour transformer en deux temps trois mouvements ce lieu en un antre magique, sorte de caverne d'Ali Baba chatoyante et chaleureuse. Mais qui n'en demeure pas moins un huis clos où les tensions unissant les trois protagonistes sont souvent insoutenables, le frère amant installé sur un lit de camp dans l'étroit séjour et partageant le lit double de la chambre avec une des deux femmes quand l'autre est sortie, selon une connivence tacite établie entre eux sans que personne se risque à la remettre en question. Et Vitoliña, tentée régulièrement d'en venir aux mains, sent bien qu'à défaut de pouvoir s'échapper de là physiquement elle va devoir trouver sans tarder un autre moyen d'évasion.

Étrange trio qui s'adore et se déteste tour à tour, découvre ensemble Paris bras dessus bras dessous, les théâtres, les restaurants, les cabarets, les dancings, et le mensonge, et le sexe associé au tabou, tandis que les combats continuent de l'autre côté des Pyrénées. Alors que sa mère et leur amant commun ne font aucun effort pour apprendre le français – Enrique envisage de partir au Mexique, Gloria n'exclut pas l'éventualité de rentrer un jour en Espagne une fois la guerre finie, c'est-à-dire gagnée –, Vitoliña passe ses journées à articuler des mots dans cette langue dont certains sons qui n'existent pas en espagnol lui posent de grandes difficultés et lui font régulièrement piquer des colères noires. Elle veut perdre cet accent qui la désigne aussitôt comme une étrangère. Ses cheveux déjà, son air fier, ses yeux enflammés, tout dénonce en elle l'Espagnole telle que les Français l'imaginent, la Carmen d'opérette, quand sa mère blonde et pâle, malgré sa prononciation épouvantable, passe plus facilement pour une Parisienne aisée et cultivée.

Dans la capitale française, l'épouse et la fille de Santiago Casares Quiroga sont très entourées, sollicitées, et mènent une vie mondaine active, le frère amant disparaissant mystérieusement, au besoin, du protocole officiel, le frère amant jamais mentionné, superbement inavoué, bien que nul n'ignorât son existence. En 1937 se tient à Paris l'Exposition universelle avec la présence d'un pavillon de la République espagnole et d'une affiche de soutien POUR LES BLESSÉS DE L'ESPAGNE RÉPUBLICAINE, à la suite de la prise sanglante de Bilbao le 19 juin, qui a choqué l'opinion française. À l'instar des jeunes et braves volontaires des Brigades internationales, les démocraties du monde entier vont désormais venir au secours des républicains et les fascistes ne passeront pas, Madrid tient toujours, Madrid tiendra, croit Vitoliña, préférant ne pas penser à son père à qui elle n'écrit presque jamais, ni à tous ceux qui meurent chaque jour pour son pays pendant que sa mère et elle s'amusent dans les soirées parisiennes, ni à sa demi-sœur Esther dont elles ont appris qu'elle a été arrêtée à La Coruña.

Pendant leur premier été en France, Gloria et elle séjournent à Camaret-sur-Mer, petit port du Finistère, à l'invitation d'amis espagnols qui possèdent là une maison fréquentée par de nombreux gens de théâtre, et Vitoliña tombe follement amoureuse, pour toujours, de la Bretagne qui lui rappelle sa Galice natale, malgré les tensions qui la rongent et lui vrillent l'estomac jour et nuit, dues à l'inextricable cohabitation avec sa mère et leur amant commun. Un soir, à la fin d'un dîner qui s'est comme d'habitude éternisé plus que ses nerfs ne peuvent le supporter et où la conversation s'est essentiellement tenue en espagnol, l'envahissant au fil des heures d'une exaspération grandissante, quelqu'un, *subrepticement inspiré par maman*, lui demande de réciter un romancero castillan. Vitoliña qui n'en peut plus se lève, rouge, tremblant de tous ses membres, et soudain en larmes devant l'assistance médusée se lance dans le *Romance del rey don Rodrigo* dont elle déclame vibrante une tirade d'une traite, en espagnol, submergée par la nostalgie, la culpabilité et la honte. *Il faut qu'elle fasse du théâtre*, murmure un des convives. *Oui, il faut qu'elle joue, sinon elle étouffera*, susurre un autre.

Alors Gloria, que plus rien ne semble atteindre, regard lointain, vague sourire aux lèvres, seule à réagir, les autres paralysés, effrayés, par ce qu'ils viennent de voir, s'adresse à sa fille avec détachement. Comme si la réponse n'avait aucune importance. Comme s'il ne s'agissait pas d'une question de vie et de mort. *Tu veux faire du théâtre ?* Et Vitoliña, qui malgré ses efforts, sa bonne volonté, n'arrive pas à s'habituer à ce prénom de Marie-Victoire dont on l'a affublée entre les murs de Victor-Duruy, encore moins à son rôle de petite fille modèle, de bonne famille, douce, obéissante et vierge ; assez clairvoyante pour deviner, malgré ses bons résultats scolaires et les appréciations encourageantes du directeur du lycée, que l'autre en elle, puissante, incontrôlable, finira tôt ou tard par dévorer la sage Marie-Victoire si elle laisse la situation s'enliser dans l'hypocrisie, si elle ne reconnaît pas que sa mère et elle ont fui les combats dans leur pays et abandonné lâchement les leurs à leur sort pour sauver leur petite peau de résidentes privilégiées en France, aux bons soins du père/époux qu'elles trompent l'une et l'autre avec le même homme ; Vitoliña assez perspicace pour pressentir qu'elle portera cette faute toute sa vie, se rappelant les pénitents lors du passage de la Dolorosa et de son Fils qu'on sortait en procession dans les rues de La Coruña pendant la Semaine sainte, les *costaleros*, *encapuchonados*, *saetas*, tambours, trompettes, pèlerins sur le chemin de Saint-Jacques-de-Compostelle, et Notre-Dame-des-Sept-Douleurs où sa mère l'emmenait, *mais toujours aux heures où l'église sombre et austère était déserte*, Vitoliña dit oui.

En décembre 1938, Santiago Casares Quiroga arrive à son tour à Paris, déprimé, épuisé par une nouvelle poussée de tuberculose et contraint au repos forcé. Madrid tient toujours, Madrid résiste, assiégée, affamée, bombardée sans relâche, mais l'armée franquiste, assidûment approvisionnée, ne cesse de gagner du terrain, Franco perçu comme un *envoyé du ciel*, le rempart miraculeux contre la *menace rouge*, par une bonne partie de la droite française et certains intellectuels. La France, ce pays des droits de l'homme que Vitoliña admire tant et a choisi d'aimer, de façon inexplicable, pas plus que d'autres puissances européennes, n'a tendu de main secourable à ses frères, et le meublé du 148 *bis* rue de Vaugirard accueille désormais à un rythme soutenu des exilés républicains pour des durées plus ou moins longues. Solidarité, générosité, réconfort, tribut minimum payé à la patrie. Le 148 *bis* rue de Vaugirard, zone de transit et point de chute des vaincus que l'on héberge comme on peut au milieu d'un désordre extravagant. Où l'on pleure la République et ses idéaux, sa jeunesse perdue à jamais, où l'on console, offre un peu de chaleur et d'écoute. Où les nouveaux arrivants, hagards et creusés, maigres, exsangues, contemplent les yeux écarquillés leurs hôtesses pleines d'énergie et de santé, de projets, évoluant dans un décor de théâtre aussi fantastique qu'indécent, un monde décalé, du futur, auquel ils n'ont pas accès ; leurs hôtesses qui ont déjà fait leur deuil de l'Espagne et puisent dans celui-ci leur impatience de vivre.

Cela fait deux ans que Vitoliña n'a pas vu son père, et elle le trouve terriblement vieilli. Un étranger qui l'observe avec méfiance et gêne. La mélancolie l'envahit, bien qu'elle s'y refuse et déteste toute forme de nostalgie, le souvenir de leur complicité ancienne quand enfant elle passait des heures avec lui dans son bureau devant la grande bibliothèque remplie des livres qu'il avait lui-même reliés. En réalité, c'est elle qui a le plus changé, et Santiago Casares Quiroga a du mal à reconnaître sa petite Vitola, à présent en 1re B à Victor-Duruy, préparant le bac littéraire, malgré le serre-tête clair de fillette qu'elle continue de porter dans sa tignasse sagement coupée au carré, ses jupes plissées ou jupes-culottes, ses pulls marins, ses cols blancs, ses lavallières, ses socquettes blanches. Le personnage de Marie-Victoire ne le convainc pas ; il perçoit le bouillonnement intérieur, entend le grondement souterrain, l'activité volcanique. Il devine tout, même si le frère amant est allé déplier son lit de camp ailleurs depuis que l'ancien ministre a débarqué à Paris, même si son nom et son existence ne sont jamais mentionnés par personne. Devenue un des meilleurs éléments de la classe de Mme Wursmer, Vitola parle maintenant correctement le français, mieux que lui, mais elle ne parvient toujours pas à se débarrasser de son accent espagnol, défaut qu'elle doit absolument corriger, comme le lui répète Colonna Romano, son professeur de théâtre, si elle veut se présenter un jour au concours d'entrée du Conservatoire. Devenue plus déterminée, dure et sérieuse. Femme.

Pétrie de contradictions.

Désireuse de passer pour une vraie Française, s'énervant après sa mère parce qu'elle continue de s'adresser en espagnol aux commerçants de leur quartier, irritée par la présence chez elle de tous ces réfugiés qui la rattachent malgré eux à ce pays avec lequel elle croyait avoir tout coupé. Mais capable de s'afficher dans des soirées coiffée d'une mantille, éventail à la main, éléments du fameux bric-à-brac incongru des valises de l'exode, jamais utilisés en Espagne, sa chevelure noire sauvage comme un défi lancé parmi une assemblée de têtes claires et permanentées.

Décidée à repousser Enrique et à sortir de cet imbroglio sentimental infernal, persuadée qu'elle ne tient pas à lui et souhaitait juste connaître sa première expérience sexuelle, elle n'a rien à envier à sa mère – Gloria, solaire, lumineuse, elle si sombre – et peut séduire tous les hommes qu'elle veut, d'une autre trempe que le petit Andalou. Mais faisant à ce dernier des scènes de jalousie terribles et l'agressant dès qu'il s'éloigne.

Déterminée à être actrice, à tenter le Conservatoire de Paris, même si elle a peu de chance de réussir pour l'instant, et pourquoi pas d'intégrer un jour la Comédie-Française. Une vocation qu'elle doit au coup d'État militaire et à l'exil, à tous les morts de la guerre d'Espagne, sans lesquels elle serait probablement aujourd'hui en train de bâiller d'ennui à Madrid ou à La Coruña, fille de ministre tenue à la discrétion et à l'exemplarité avec pour seule ambition de contracter le meilleur mariage possible.

Déracinée.

Déchirée.

Perdue souvent entre ses paradoxes, ses personnages, entre vérités et mensonges, perdue en elle-même. Vitoliña, Vitola, Marie-Victoire, Victoria, Victoire, *comme il était cruel de s'appeler Victoire en ces temps de débâcle*. Qui est-elle ?

Le monde entier est un théâtre,

Où tous, les hommes, les femmes, sont de simples acteurs.

Ce sentiment d'avoir déjà beaucoup vécu, alors qu'elle vient seulement d'avoir seize ans.

Et chacun

Joue bon nombre de rôles dans sa vie.

Pendant les vacances de Noël 1938, Vitoliña accompagne son père en Suisse pour une cure, trêve miraculeuse dans leurs existences tourmentées qui leur permet de se retrouver. Le bon air réussit à Casares Quiroga et l'énergie de sa Vitola lui redonne de la combativité. Accablé depuis plus de deux ans par cette guerre dont certains en Espagne lui imputent toujours la responsabilité, insulté et calomnié sans arrêt par la presse fasciste, il en avait presque oublié l'increvable volonté de sa fille cadette, capable d'affronter ses terreurs et de déplacer des montagnes pour parvenir à ses fins. *Plutôt que du théâtre, j'aurais dû faire de la politique, me disait-il en plaisantant à demi. Au fond, les deux domaines ne sont peut-être pas si éloignés, dans un cas comme dans l'autre il est question d'engagement et d'illusion.* Quant à Vitoliña, ce tête-à-tête exclusif avec son père loin de Paris et des *mensonges pesants* qui l'étouffent rue de Vaugirard, brusquement perçus comme irréels dans la neige et le silence des montagnes suisses, l'apaise. Elle se détend, prend un peu de recul et des résolutions pour 1939.

Rompre avec Enrique. Même si elle lui écrit d'Interlaken et de Biel des mots brûlants sur une carte postale. Et quand son père, remarquant la carte glissée en douce parmi d'autres, lui demande *Tu tiens à cet individu ?*, agacée, furieuse, elle répond *oui*.

Pour l'écrit du baccalauréat littéraire, prévu en juin, s'efforcer d'être moins confuse dans ses compositions, plus ordonnée, académique, ne pas laisser libre cours à ses réflexions et pensées délirantes sur les morts, les superstitions, les légendes, l'amour, la politique même, des propos hors sujet qui heurtent la sensibilité de la pourtant bienveillante Mme Wursmer.

Pour le concours d'entrée du Conservatoire, prévu à l'automne, répéter l'après-midi après le lycée chez Colonna Romano. Apprendre à écouter. Respirer. Se calmer. Améliorer sa prononciation. Sa posture. Ne pas agiter les mains comme une possédée. Travailler des scènes appropriées à sa personnalité. Dompter son trac – enfin, essayer.

Refuser catégoriquement toute proposition de nouvel exil. Son père, qui doit retourner en Espagne à la fin du mois de janvier, en Catalogne, où s'est repliée l'armée républicaine, du moins ce qu'il en reste ; son père désireux d'être jusqu'au dernier jour, jusqu'à la reddition, dans son pays avant de le quitter pour toujours, a évoqué l'éventualité, quand tout sera terminé, de partir à Cuba avec sa famille, réduite à Gloria et Vitola, puisque sa fille aînée Esther est emprisonnée à La Coruña, sa petite-fille María Esther en résidence surveillée, et son gendre exilé au Mexique. Éventualité que Vitoliña a déjà rejetée en bloc. Plus de voyages, de déménagements. Plutôt mourir.

Remplir le présent le plus intensément possible.

Accepter les transformations de son corps, l'affirmation de sa féminité, sa mue progressive en nymphette que les hommes regardent de plus en plus, elle l'a bien remarqué, pas forcément de prime abord, elle n'a pas ce qu'on appelle une beauté conventionnelle, plutôt même rébarbative, rebutante, mais au bout d'un temps, surpris et attirés malgré eux. Brune et sauvage, animale. Même si elle n'aura jamais la grâce rayonnante de sa mère. Ses atouts sont autres. Elle doit apprendre à les exploiter.

La guerra ha terminado, déclare Franco le 1er avril 1939. Vitoliña accueille l'annonce de la défaite avec fatalisme, presque avec soulagement. Depuis trois ans, elle vivait dans une sorte de temps suspendu et flou, une incertitude éprouvante, un provisoire qui n'en finissait plus d'être reconduit. Elle vivait dans l'attente, l'espoir et le déni, partagée entre son devoir de mémoire et son désir d'oubli, sa loyauté et son égoïsme. Ne sachant plus au bout du compte ce qu'elle voulait. Si la République avait triomphé, aurait-elle été si heureuse de retourner à Madrid et à La Coruña, de renoncer à tout ce qu'elle avait commencé à conquérir et à apprivoiser à Paris ? Quand elle sonde son cœur, elle n'est pas si sûre. Et elle a honte, se sent coupable de cette pensée, de cette trahison envers son père, sa sœur, tous ceux qu'elle ne reverra sans doute jamais. Une honte immense qu'elle tente d'enfouir profondément, résolue à ne jamais se plaindre de son sort, à dévorer chaque minute de la vie et à faire retentir le nom de Casares au-delà des Pyrénées, longtemps après qu'il aura été effacé des manuels espagnols. L'Histoire, de toute façon, a décidé pour elle. *Le sort en était jeté et du moins trois choses étaient claires. Nous avions perdu l'Espagne. J'étais devenue, comme mes parents, une réfugiée en France. Et il était décidé que je me consacrerais au théâtre.*

Elle, c'est Victoria Casares.

Elle est gare d'Austerlitz, à Paris, parmi des centaines de gens qui attendent depuis la veille de pouvoir monter dans un train, alourdis de bagages emportés à la hâte, de vêtements enfilés les uns sur les autres. Ses cheveux noirs, touffus, lui arrivent maintenant aux épaules, elle a décidé de les laisser pousser, d'assumer leur couleur et leur volume, même s'ils sont en partie cachés sous le foulard blanc à fleurs qui entoure sa tête. Elle porte une robe d'été à manches courtes bouffantes, en coton, noire à pois, ras du cou et évasée aux genoux, ou bien cette robe, du même modèle, est plutôt blanche unie, mais cela n'a aucune importance. Elle serre violemment la poignée d'une valise contenant un bazar sans nom, *les mêmes extravagances que nous avions déjà charriées depuis Madrid*, elle est épuisée et furieuse, n'a pas dit un mot depuis qu'ils ont enfin réussi à entrer dans la gare après de longues heures à faire la queue devant le bâtiment, logés à la même enseigne que les autres Parisiens fuyant la capitale, ce mercredi 12 juin 1940, devant l'arrivée imminente des Allemands. Elle, son père, sa mère, qui porte une robe semblable à la sienne, ou l'inverse, Amalia de la Fuente, qui fut son professeur à l'Instituto-Escuela de Madrid avant de devenir la secrétaire de son père, et Enrique, son frère.

C'est par cette gare qu'elle est arrivée du Perthus quatre ans plus tôt mais Victoria ne s'en souvient pas, ne veut pas s'en souvenir, jurerait n'être jamais venue de sa vie dans ce lieu. Sans doute la fatigue et la colère brouillent-elles sa mémoire, peut-être confond-elle les deux scènes qui ont tant de similitudes et à peine quelques différences, comme la reprise au théâtre, avec peu de changements de distribution, d'une pièce médiocre. Dans laquelle elle s'était promis de ne plus jouer. Gare, valises en peau de porc, exil forcé, sa mère versant des larmes silencieuses, belle à couper le souffle, tirée à quatre épingles au milieu d'une foule qui n'a pas dormi depuis deux jours, explosive, prête à se piétiner, se battre, s'entre-tuer pour une place dans un train. D'une guerre, l'autre. Victoria n'arrive toujours pas à y croire. Comme un mauvais rêve. Un sale coup du sort. Dans huit jours, elle aurait dû passer sa première audition, au Théâtre des Noctambules, elle s'y préparait depuis des semaines. Mais la veille, son père a réussi à obtenir des billets pour Bordeaux, et en deux temps trois mouvements ils se sont retrouvés avec tous ces gens harassés et haineux, debout, assis par terre, ces bébés qui pleurent, ces enfants qui crient, Amalita qui n'arrête pas de s'évanouir à cause de sa maladie du cœur et qu'il faut allonger tant bien que mal, Enrique à une distance prudente. Elle n'arrive pas à y croire, se frotte les paupières. Dès l'instant où ils ont quitté le 148 *bis* rue de Vaugirard, tout devient flou, même la présence d'Enrique, par moments Victoria n'est pas sûre qu'il soit là, comment cela se pourrait-il, alors que son père est là aussi, le manque de sommeil provoque chez elle des hallucinations.

Cependant quand elle ferme les yeux, les images ne s'effacent pas pour autant, ni le sentiment de danger qu'elle éprouve, l'animosité qu'elle perçoit autour d'eux, diffuse et pourtant concentrée sur le petit groupe composite auquel elle appartient, détonnant parmi ces familles de Français moyens, le père au teint cireux mais à la chemise impeccable, au regard fier, la mère sur son trente-et-un, la secrétaire tour à tour livide et violette, le jeune amant dandy, et elle, réplique brune et indomptée de la mère. Il lui semble avoir surpris des regards malveillants, saisi des commentaires hostiles dont ils sont la cible. Sans doute leur reproche-t-on d'être des étrangers, ils parlent entre eux en espagnol, soupirent en espagnol, pleurent en espagnol, au grand dam de

Victoria, et de chercher à partir comme les autres, alors qu'ils sont déjà des *fuyards*, des lâches, des rouges, que la France a pourtant accueillis avec sa générosité légendaire. Elle tente de chasser cette hypothèse. La fatigue et la culpabilité la rendent paranoïaque. Elle essaie de dormir.

C'est la nuit, la deuxième nuit dans la gare d'Austerlitz. Des trains partent, charriant des flots de personnes, mais eux sont toujours là, gagnant chaque fois quelques mètres supplémentaires, toutefois pas suffisants, vers les quais, dans une foule de plus en plus à cran. On dit qu'il reste peu de temps, les Allemands sont aux portes de Paris, défileront bientôt sur les Champs-Élysées, la guerre est perdue, et ces mots provoquent chez Victoria des réactions contradictoires, nerveuses, toutes violentes. Combien de guerres peut-on perdre dans une vie quand on a seulement dix-sept ans ? *À votre tour maintenant*. Depuis la défaite des Républicains espagnols, elle a demandé aux siens de l'appeler Victoria, par défi. Panache. Elle n'est plus une petite fille avec serre-tête et carré sage, plate comme une limande. Elle a des seins d'une jolie forme, certes moins volumineux que ceux de sa mère mais elle est plus mince, avec une taille très fine, une silhouette élancée, volontaire, et cette chevelure noire qui attire immédiatement le regard, magnétique. Victoria Casares est un beau nom pour une actrice, estime-t-elle, une actrice débutante, une élève plus exactement, qui a échoué au concours d'entrée du Conservatoire l'année dernière, *trop d'accent ! trop nerveuse ! trop jeune ! trop barbare ! trop étrangère !*, mais est bien décidée à le retenter cette année, multipliant les cours de théâtre et de diction, crayon entre les dents et exercices en tout genre. Était bien décidée, du moins, jusqu'à ce que l'Histoire la jette de nouveau sur la route de l'exode. Doivent-ils vraiment partir, sont-ils obligés ? Et si elle restait ? Elle vient de passer les écrits du baccalauréat, et il y a cette audition, puis le Conservatoire dans quelques mois où elle aura plus de chance cette année. Mais elle se retient d'exprimer ces pensées à voix haute, sait bien que c'est absurde, impossible. Elle se tait par respect pour son père, Santiago Casares Quiroga, pour qui la République espagnole vient de mourir une seconde fois avec la débâcle française, son père usé, déterminé à quitter l'Europe dont il n'attend plus rien, de grosses gouttes de transpiration perlant sur son crâne dégarni, un pauvre réfugié anonyme avec la Légion d'honneur accrochée au revers de sa veste.

Soudain, vers 1 heure du matin, un train est mis à quai. Puisant dans leurs ultimes ressources l'énergie nécessaire après tant d'heures de veille dans la chaleur moite de ce mois de juin, les familles se précipitent. Prisonnière de la foule, égarée et hébétée par l'épuisement, Victoria ne parvient pas à suivre ses parents qui aident Amalia à marcher. Sa valise est trop lourde, elle ne se souvient plus de ce qu'il y a dedans mais, à en juger par son poids, elle a une vague idée de son contenu, *les livres personnellement reliés par mon père, et les fameux bijoux de maman.* Elle voit les siens grimper dans un wagon, son père affolé qui la cherche du regard et, la découvrant figée sur le quai, ballottée de toute part, manquant d'être écrasée, avalée par la marée humaine, accrochée à la poignée de son énorme bagage, lui crie d'abandonner *cette satanée valise et de monter*. Mais Victoria est paralysée, c'est plus fort qu'elle, quelque chose la retient sur ce quai où elle risque de mourir étouffée dans l'indifférence générale, alors que le train démarre et commence à rouler lentement, des nuées de gens désespérés, hurlant, agrippés aux portières, aux marchepieds, aux fenêtres, partout, parce qu'ils le savent désormais, c'est le dernier train qui quittera la gare d'Austerlitz cette nuit-là, ce jeudi 13 juin 1940, à 1 h 45 du matin. Victoria est toujours immobile, elle ne partira pas, se laissera engloutir. Tel sera finalement son destin, petite Galicienne exilée renonçant à ses rêves de théâtre et d'amour, devenir une grande actrice et être aimée par des hommes d'une intelligence supérieure, des hommes d'un autre rang que ce bâtard d'Enrique, mais au fond quelle importance ? Elle n'est pas seule, elle a en sa possession les œuvres de Shakespeare qui la relient au monde.

La vie [...]: une fable Racontée par un idiot, pleine de bruit et de fureur,

Et qui ne signifie rien.

À cet instant quelqu'un, sans doute ce bâtard d'Enrique, la soulève dans ses bras et, avant même qu'elle réagisse et comprenne et se débatte, elle est dans le train, pelotonnée contre le corps chaud de sa mère, serrant toujours comme une forcenée son bagage. Il fait atrocement chaud, une odeur âcre de sueur et de crasse flotte dans l'air, imprégnant les sièges et les vêtements, et dans le compartiment où ils ont réussi par miracle à s'asseoir, dans le fracas du bois qui craque, des roues, des rails, des sanglots et des gémissements ici et là, Victoria entend très distinctement une phrase qui leur est destinée et qu'elle reçoit en plein cœur :

– Ces sales étrangers qui prennent la place des Français...

Elle sent le corps de sa mère se raidir. Elle voudrait se fondre en elle, disparaître là, sortir de ce cauchemar. Rien de tout cela ne peut être vrai. Alors elle voit son père se lever et sans un mot montrer le petit ruban rouge accroché au revers de sa veste. Puis elle s'endort.

Ils arrivent à Bordeaux après plus de vingt-quatre heures de voyage, le vendredi 14 juin 1940 à l'aube. Au même moment, les troupes allemandes entrent dans la capitale. Le 17 juin, le maréchal Pétain ordonne l'arrêt des combats. Le 18 juin, de Londres, le général de Gaulle appelle à résister. Quel avenir désormais pour Victoria ? Elle aura dix-huit ans en novembre, et tout ce qu'elle a construit depuis qu'elle est en France semble s'écrouler, ces années d'études, d'efforts, ces cours de théâtre, de diction, ces nouvelles relations, ces amitiés, ces lieux, cette langue, qu'il faut dompter jour après jour. Tout ce sur quoi elle a rebâti sa vie après l'arrachement à l'Espagne, la séparation des gens et des terres qu'elle aimait. Une nouvelle fois la voilà dans un hôtel minable, en transit, avec sa mère et Enrique, et son père, et ces *mensonges* accablants entre eux, dans une ville inconnue, sans plus aucune perspective, sans nul autre projet que fuir, encore et toujours. Mais où ? D'un côté l'Espagne de Franco, de l'autre l'Allemagne d'Hitler. L'étau se resserre. Entrer dans la résistance ? Victoria voit son père hésiter. Elle, ne sait pas, ne sait plus, se replie, égoïstement, sur sa personne. Ce combat-là est-il le sien ? Le 19 juin, Santiago Casares Quiroga fait des demandes de visas pour le Chili, pour toute sa famille, et sa fille ne peut s'y opposer. *Pour ce qui était du théâtre, c'en était fini.*

Pourtant, quelques heures plus tard, son père change brusquement d'avis et décide de partir en Angleterre pour continuer la lutte avec d'autres hommes politiques espagnols réfugiés en France, qu'il vient de retrouver à Bordeaux. Dans la nuit, ayant à peine eu le temps de dire au revoir à son épouse et à sa fille, il embarque sur un bateau affrété par Juan Negrín, président du gouvernement de la République espagnole en exil, à destination de Londres. Pourquoi seul ? A-t-il l'intention de faire venir sa famille ensuite ? Estime-t-il que sa femme et sa fille courent moins de danger que lui sur le sol français ? Que ressent Victoria face à cette attitude de la part d'un homme pour qui elle éprouve, et ne cessera d'éprouver, une admiration sans bornes ? Un homme qui l'abandonne dans un pays occupé par l'ennemi, avec sa mère et son jeune amant, qui est aussi le sien, et vit à leurs crochets. De ses larmes refoulées, de sa déception, elle ne dira rien, absoudra son père jusqu'au bout. Elle se caparaçonne, s'efforce d'envisager les faits sous un autre angle. Rester en France est peut-être une chance, une seconde chance. Elle ne la laissera pas filer, se jure-t-elle devant l'océan qu'elle aime tant, qui lui a tellement manqué, au cours du mois de juillet qu'elle passe à Lacanau avec sa mère et Enrique dans un cabanon. C'est un chauffeur de taxi russe qui le leur a loué pour une somme dérisoire, le chauffeur qui les a conduits de la gare de Bordeaux à leur hôtel le soir de leur arrivée et ne les a plus quittés depuis, désireux de leur venir en aide, ému par leur détresse, et couchant par ailleurs avec Gloria. Un mois de compromis et d'inhibitions pendant lequel les maux de ventre de Victoria s'aggravent et sa rage de vivre reprend le dessus, tandis que la France de Pétain s'installe dans la collaboration et que la plupart des Parisiens rentrent chez eux. En août, sa mère, Enrique et elle regagnent à leur tour Paris et retrouvent le petit meublé sordide, 148 *bis* rue de Vaugirard, avec vue sur les entrepôts de l'hôpital Necker-Enfants malades entre lesquels courent de gros rats, qu'ils submergent instantanément une nouvelle fois avec le contenu éclectique des valises en peau de porc.

La mère, l'amant, la fille, la vie parisienne, les salles de spectacles, les restaurants, le lycée Victor-Duruy, les cours de théâtre, les cours de diction, le père loin, absent, hésitant, menaçant régulièrement d'un exil collectif en Amérique latine, la sœur à La Coruña, sortie de prison depuis la fin de la guerre civile mais obligée de consigner par écrit tous ses actes et de se présenter tous les quinze jours au commandement de la région militaire. *Tout va très bien, madame… la marquise*. Victoria connaît désormais les deux mots manquants et a compris le sens de la chanson. Chaque jour, la possibilité de revoir Esther, la Galice, l'Espagne, s'éloigne. Chaque jour la distance est plus insurmontable. Les mesures antijuives, le couvre-feu, le bruit des bottes allemandes sur le pavé parisien, le rationnement, le marché noir, les nouvelles lubies d'Enrique – devenir pilote de chasse et élever des lapins dans l'appartement –, la violence souterraine qui la relie à sa mère et à son frère, prête à sourdre à tout moment, dans tous les sens, même si ce jour où Enrique tente de lever la main sur Gloria parce qu'il la soupçonne d'avoir un nouvel amant, Victoria bondit pour défendre sa mère et le mord au sang. Elle mord aussi René Simon, son nouveau professeur de théâtre, quand il veut la forcer à rejouer une scène, au cours d'une répétition qu'il a interrompue pour se moquer d'elle car les entrailles de Victoria, à cause du trac incontrôlable qui l'avait saisie, émettaient des bruits incongrus. Honte et frustration. Ses *terribles nerfs*. Cette langue française qu'elle malaxe et pétrit inlassablement, jour après jour, comme une pâte qui ne se lève toujours pas et refuse de prendre forme. Elle s'accroche, ne cède pas au découragement.

Le jour, blouse à manches longues, sans maquillage, conformément au règlement de l'établissement, elle continue de fréquenter le lycée Victor-Duruy, Marie-Victoire parfaite. Elle a obtenu le bac littéraire grâce aux écrits, mention passable, les épreuves orales ayant été annulées, à son plus grand soulagement, à cause du contexte exceptionnel, et est déterminée à préparer le baccalauréat de philosophie.

En fin d'après-midi, farouche et passionnée, contrainte chaque fois de batailler contre sa propre timidité, Victoria résolue, elle affronte les grands textes du répertoire national et leurs sonorités délicates, qu'elle s'applique à reproduire le plus justement possible, s'acharnant, persistant, même quand elle échoue pour la deuxième fois au concours d'entrée du Conservatoire, *trop barbare* toujours, obtenant cependant le droit d'assister à certains cours en auditrice.

Le soir, elle retrouve sa mère et Enrique, rebelle ou consentante, Vitoliña quelquefois encore, dans le foutoir toxique du 148 *bis* rue de Vaugirard où l'élevage de lapins de son frère, *qui greva notre budget d'une précieuse somme*, n'a pas fait long feu, les bêtes ayant toutes rapidement succombé à la myxomatose.

Une jeune femme qui court. Mince et brune, gracile, cheveux au vent, livres à la main, cigarette à la bouche. Pressée, anxieuse, désireuse de tout faire, de tout voir, de tout réussir. De combler les vides, les absences. De payer ses dettes. De racheter ses fautes. Combien de temps va-t-elle, peut-elle tenir à cette cadence, multipliant les scènes et les emplois qui, peut-être, ne sont pas à sa portée, ou à sa mesure, galopant d'un endroit à un autre, changeant de costume, de décor, vierge pour les uns, ardente pour les autres, étrangère pour tous ?

Cours Simon, cours de Jeanne Delvair de la Comédie-Française, cours de Mme Bauer-Thérond, collectifs et particuliers, classes de diction de l'Institut français du Panthéon. Victoria sillonne Paris occupé du matin au soir pour approfondir son jeu, poser sa voix, tenter de surmonter sa timidité, ses complexes d'étrangère. Dévore des livres. Assiste à des auditions, à des spectacles. Parle à voix haute, toute seule. Fume des cigarettes avec compulsion. À Victor-Duruy, où l'aimable Mme Wursmer a disparu avec « l'ordre nouveau » instauré par le régime de Vichy, ses notes baissent de manière significative. Malgré les mises en garde de la direction, trop souvent absente, idées trop personnelles, fantasques, conduite moyenne, elle échoue en juin 1941 au baccalauréat où elle s'est présentée en dilettante et a couché sur sa copie toutes les divagations qu'elle avait en tête. Si son père était là, il la pousserait peut-être à repasser cet examen, mais Santiago est trop loin pour avoir une quelconque influence sur les choix de sa fille, Gloria est parfaitement indifférente aux diplômes, et René Simon encourage au contraire son élève à abandonner définitivement Marie-Victoire, ses blouses et ses jupes plissées. Victoria n'hésite pas longtemps. Elle ne sera pas bachelière. Elle sera actrice.

En juillet, en compagnie de Gloria et de l'immuable Enrique, elle quitte le meublé de l'hôtel Paris-New York, 148 *bis* rue de Vaugirard, où elle a vécu depuis son arrivée en 1936, sauf en juin et juillet 1940, où elle a pleuré et ri dans un capharnaüm ahurissant, articulé ses premiers mots en français, affirmé son ambition et perdu sa virginité, pour un quatre-pièces avec long balcon filant et chambre de service, situé au 6e étage dans l'immeuble voisin, 148 rue de Vaugirard, qui appartient aux mêmes propriétaires. Un appartement dont le loyer est payé par son père, toujours en Angleterre, qui finance également ses multiples cours de théâtre et ceux de pilotage d'Enrique à l'école d'aviation d'Amiens, aux fenêtres nombreuses et aux pièces biscornues, communicantes, donnant à la fois sur la rue de Vaugirard, l'impasse de l'Enfant-Jésus et la morgue de l'hôpital Necker-Enfants malades, et à l'arrière sur la cour du centre hospitalier. Un lieu plus à sa mesure, ou démesure, *ouvert aux quatre coins du ciel et des toits de Paris*, où elle va enfin cesser de partager le lit de sa mère, après avoir arrêté de coucher avec son amant. Laissant à Gloria le soin d'aménager et de meubler ce *pigeonnier* avec sa fantaisie et son goût habituels, Victoria investit la chambre de bonne, située au 7e, *au fond d'une sorte de couloir tronqué, sans eau, glacial, avec une grande fenêtre au bout, donnant sur la Tour Eiffel*, à laquelle on accède par l'escalier de service. Cette chambre minuscule lui offre une intimité que ne permet pas l'appartement du 6e, envahi en permanence par leurs relations et amis, ainsi que par des hôtes de passage envoyés par Santiago, où l'on organise des dîners et *fiestas* en tout genre, et qui abrite aussi pendant ces années d'occupation une jeune fille juive, Nina Reycine, que Victoria et sa mère ont connue pendant leur séjour à Lacanau et qu'elles hébergent après le couvre-feu, tandis que ses parents vont se cacher ailleurs. La chambre de bonne, c'est son arbre de La Coruña. La branche sur laquelle elle vient se ressourcer quand elle a besoin d'être seule et de déclamer des vers, de réfléchir et de rêver. D'entendre sa voix qui s'impose plus sûrement chaque jour, et la surprend, grave et profonde, rythmique. Avant de redescendre se blottir dans le cocon familial contre le corps de sa mère.

Au cours des mois suivants, alors qu'elle n'a encore joué nulle part, le nom de María Casarès commence à circuler dans le milieu du théâtre parisien. On lui a recommandé de choisir ce prénom, *María*, plus facile à mémoriser, plus doux, plus universel que Victoria. Moins étranger. Et d'ajouter un accent grave sur le *e* de Casarès, afin que la dernière syllabe soit prononcée, comme en espagnol. Elle a cédé, n'en est plus à une dépossession près. Et même si elle continue de signer ses lettres d'un V assuré, c'est sous cette identité, María Casarès, qu'elle se présente pour la troisième fois au concours d'entrée du Conservatoire en novembre 1941. René Simon a choisi pour elle les rôles d'Hermione dans *Andromaque* et d'Ériphile dans *Iphigénie*, deux pièces classiques *frappées jusque-là de tabou*, considérées comme trop risquées pour elle, des personnages d'amoureuses trahies, déchirées par leurs contradictions, qui finissent par se donner la mort. Suant à grosses gouttes et tremblant de tous ses membres, la jeune María, dix-neuf ans, qui les deux années précédentes n'avait pas pu jouer ses scènes intégralement, arrêtée au bout d'à peine deux minutes par les coups de cloche rageurs d'un jury condamnant sa prononciation *impure* de la langue française et sa fébrilité crispante, remerciée sans ménagement, obtient cette fois le deuxième prix à l'unanimité pour l'ensemble des épreuves.

Désormais élève du Conservatoire dans la classe de Béatrix Dussane, et toujours au cours Simon, María apparaît dans plusieurs reportages consacrés aux nouveaux espoirs du théâtre français. La presse, par ignorance ou par paresse, privilégie la plupart du temps l'orthographe française de son prénom, et l'accent sur le *i*, qui le distingue en espagnol où toutes les voyelles sont prononcées, disparaît peu à peu. Maria. À l'oral, deux syllabes au lieu de trois. Bref, déterminé. Avec ce *r* grasseyé français si peu naturel pour elle, si difficile. Maria Casarès. C'est elle maintenant. Son petit visage pointu et volontaire, sa présence brune magnétique, sa sincérité vibrante, la font remarquer parmi les centaines de jeunes acteurs du moment. *Et toi, la petite Noire, là-bas, qu'est-ce que tu as à nous montrer ?* Alors elle se lève et s'avance flageolante sous les regards, terrorisée, comme une jeune milicienne montant au front, se demandant soudain ce qu'elle fait là, désireuse à cet instant de disparaître à cent pieds sous terre. Tous ses professeurs s'accordent pour lui trouver d'immenses qualités, mais gâchées encore par un reste d'accent et surtout par ses nerfs en pelote, sa peur panique des autres, du public. Trop sauvage. Comment peut-on choisir ce métier quand on n'arrive même pas à entrer dans un café et à s'adresser à quelqu'un sans rougir et vaciller ? C'est son combat quotidien, contre elle-même et contre les autres, elle en est parfaitement consciente. *Réussir à garder à la main dans une réception mondaine une coupe de champagne sans en renverser la moitié*. Vaincre ce fameux tremblement intérieur, dont René Simon est persuadé qu'il cessera le jour où Maria ne sera plus vierge, ce qui la fait bien rire. Ou bien en faire une de ses forces, assumer sa personnalité farouche, ombrageuse, son trémolo outré, comme une marque de fabrique. Mais elle a besoin de temps. Contrairement à la plupart de ses camarades de cours, elle ne rêve pas dans l'immédiat d'être engagée par un théâtre et de faire ses débuts, n'est pas pressée de sortir du Conservatoire, d'être propulsée sur scène un soir de première devant des centaines de spectateurs, incapable de dire son texte, le ventre en feu, paralysée par l'angoisse. Pas tout de suite, pas encore. La charge est trop grande, elle n'est pas sûre de pouvoir la porter, redoute les auditions, les représentations ouvertes au public que propose régulièrement l'école et où les élèves font tout pour briller et se faire repérer. Elle préfère observer, écouter, se tenir dans l'ombre.

La jeune Maria Casarès est ce mélange de vulnérabilité et de sensualité animale. Inquiète, craintive, elle s'efforce de dominer tout ce qu'elle croise sur son chemin, situations, difficultés, registres de langue, textes, rôles, hommes, femmes, vagues, comme elle se jette contre les lames à Camaret, comme elle défie les rouleaux, le courant, nageant jusqu'à l'épuisement, souvent au bord de la noyade. Elle préfère affronter plutôt qu'esquiver, sachant depuis longtemps que la meilleure défense, c'est l'attaque. On lui prête à cette époque plusieurs liaisons avec d'autres élèves du Conservatoire. Maria résiste mal au désir, celui qu'elle suscite chez les autres, auprès de qui elle se sent ensuite redevable, de la même façon qu'elle se croit sans cesse obligée d'exprimer sa gratitude à la France qui a bien voulu d'elle. Reconnaissance forcée qui génère malentendus et décalages. Les hommes lisses, les jeunes gens sages, l'ennuient rapidement. L'amour physique, qu'elle a découvert avec l'amant de sa mère, l'amant qu'elle a volé à sa mère, est indissociable chez elle de la faute, du dégoût, du mépris. Elle n'a jamais aimé Enrique. Elle a cru être amoureuse de lui, comme on finit par se persuader qu'on aime ce dont on dépend, même ce qui frustre et blesse, trop jeune alors pour savoir qu'il existe d'autres formes d'union entre les êtres, reproduisant le modèle maternel avec application et fatalisme. En cela, elle est vierge, l'amour né de la rencontre miraculeuse entre deux personnes qui s'admirent et se reconnaissent, se respectent, se complètent, elle ignore encore totalement ce que c'est, et René Simon finalement ne se trompe pas. Mais Enrique, qui dort dans le petit salon et a abandonné l'aviation aussi brusquement qu'il s'en était pris de passion pour prendre des cours de chant, persuadé qu'il peut être ténor, n'est désormais plus qu'un frère pour elle. Que ne reconnaît toujours pas son père, même s'il paie chacun de ses nouveaux caprices. Enrique n'exerce plus d'emprise sur elle, appartient à une période de sa vie révolue. C'est ailleurs que Maria poursuit sa découverte des corps et du plaisir, lié jusque-là pour elle à la transgression et au scandale. Difficile de renoncer à ce cocktail, à cette saveur acide. Elle a besoin de cruauté et d'extravagance, de puissance et d'infidélité, d'exigence et de débordement, de démesure, d'égoïsme forcené. Ce qui l'attire, ce sont les monstres. Et réciproquement.

Elle, c'est désormais Maria Casarès, Maria Casarès devenue.

Jeune comédienne espagnole de langue française.

Elle a fait ses débuts dix-huit mois plus tôt, en octobre 1942, juste avant de fêter son vingtième anniversaire, sur les planches du Théâtre des Mathurins, Paris, 8e, dans le rôle principal d'une pièce de l'auteur irlandais John Millington Synge, *Deirdre des douleurs*, où elle a obtenu des critiques dithyrambiques pour son jeu poignant, sincère. *Il y avait bien longtemps qu'on n'avait vu une chose pareille !* Où ses yeux ardents et sa voix singulière ont suscité les louanges les plus folles. *Un tempérament exceptionnel ! Une nature d'artiste comme on en découvre que fort peu souvent au cours d'un siècle ! La tragédie coule dans ses veines !* Vue depuis dans deux autres pièces, *Solness le Constructeur* d'Henrik Ibsen et *Le Voyage de Thésée* de Georges Neveux, sur les planches du même théâtre dirigé par le couple Herrand/Marchat qui l'a découverte et ne jure que par elle. Jean Marchat l'a repérée au

Conservatoire, et Marcel Herrand a été aussitôt subjugué lors de l'audition qu'il lui a fait passer dans la foulée. *Elle s'imposa à moi comme un coup de foudre*. Elle porte une robe à manches courtes en laine noire à la taille serrée et ceinturée, avec des épaulettes et des boutons devant sur toute la longueur, sur laquelle elle a enfilé une veste de la même couleur et la cape en zibeline de sa mère. Elle lui a également emprunté ses gants et son minuscule chapeau, posé en biais sur ses cheveux longs et noirs, bouclés, mais cela ne suffit pas à la réchauffer car il fait froid à Paris, ce 19 mars 1944, et elle n'a plus une seule paire de bas. Comme toutes les femmes alors, elle a teint ses jambes et dessiné la couture au crayon gras. Sa silhouette est fine et vive, élancée. Elle marche d'un bon pas en direction de la Seine avec un sac à main de petite taille en bandoulière, au côté d'une autre jeune comédienne, Zanie Campan, qu'elle a connue au Conservatoire et qui doit participer à la lecture, en fin d'après-midi, d'une pièce de théâtre en six actes écrite par le peintre espagnol Pablo Picasso dans un appartement privé, situé quai des Grands-Augustins.

Maria n'a pas retenu à qui appartenait cet appartement, elle sait juste qu'il y aura toute l'intelligentsia parisienne et le groupe des surréalistes que fréquente Zanie, mais elle ne les connaît pas. Ce n'est pas son monde. Elle a accepté d'accompagner son amie uniquement par solidarité d'actrice, elle a horreur des assemblées de plus de trois ou quatre personnes, est très mal à l'aise dans les réceptions où il faut faire preuve de spiritualité et étalage d'une culture qu'elle n'a pas, ayant renoncé à passer la deuxième partie du baccalauréat et arrêté sa scolarité pour se consacrer au théâtre. Elle se sent étrangère, complexée, ne peut s'empêcher de trembler, de rougir, et devient très vite agressive. L'Espagnole de service, telle qu'on lui demande d'apparaître dans les reportages avec mantille et castagnettes, ou la jeune première, photographiée récemment par Harcourt, madone brune et fatale, qui s'efforce d'articuler chaque mot distinctement de sa voix posée, grave, dans son français exagérément travaillé, fruit d'années de cours de diction, de répétition, de travail, d'exigence, où elle traque sans relâche la moindre trace d'accent. Tout cela pourquoi ? À coup sûr, on lui demandera de parler avec Picasso dans leur langue natale, de dire quelque chose d'important, de politique, de mémorable, on lui présentera des gens célèbres, écrivains, philosophes, poètes, artistes, photographes, qu'elle réussira au mieux à situer, sans pour autant avoir un avis sur leur travail, au pire à confondre. Mais Maria n'a qu'une parole. Un acte de résistance, historique, en pleine occupation, a vanté Zanie, il y aura Sartre, Beauvoir, Leiris, Queneau, Camus, Lacan, Bataille, entre autres, a-t-elle martelé, des noms qui ne disent rien à Maria. Ou quelque chose de vague, de lointain. Barrault aussi sera là, Jean-Louis Barrault. Lui, Maria le connaît, ils viennent de tourner ensemble dans *Les Enfants du paradis*, de Marcel Carné. Un film qui devrait marquer ses grands débuts au cinéma, même si on ignore pour l'heure quand il sortira, la date étant sans arrêt repoussée dans l'attente de la fin de la guerre.

On raconte que la libération est proche, le débarquement des alliés imminent, que les Allemands sont fichus. Maria écoute et se tait. Elle a appris à ne pas prêter attention aux rumeurs, encore moins aux pronostics de victoire. Elle habite toujours au 148 rue de Vaugirard, avec sa mère Gloria Pérez et Enrique López Tolentino, qui a laissé tomber le chant et boit de plus en plus, n'appréciant pas d'être repoussé par Maria, traînant à droite et à gauche, désœuvré, ramenant de temps à autre de nouvelles maîtresses à l'appartement, sous l'œil indifférent, voire bienveillant de Gloria. À chaque alerte, ils se réfugient dans la loge de la concierge, mais Gloria refuse catégoriquement de descendre à la cave, déclarant avec emphase qu'elle préfère mourir sous les bombes plutôt qu'être enfermée sous terre, et Maria reste à ses côtés jusqu'au moment où ils peuvent remonter dans leur appartement glacé, sans chauffage, dont l'intérieur des vitres est recouvert par une fine couche de givre en hiver. Depuis quelque temps, Maria dort de nouveau avec sa mère sous la cape de zibeline. Au début, c'était parce qu'elle laissait sa chambre à Nina Reycine. Maintenant, c'est parce qu'elle a froid, et elle a peur. Les Allemands sont venus frapper à leur porte, précisément un soir où Nina et leurs voisins, portant eux aussi l'étoile jaune, étaient là. Maria et sa mère ont eu juste le temps de cacher tout le monde dans la cuisine et elle, jouant à merveille les ingénues, a réussi à éviter une perquisition générale. Quand les types sont partis, après avoir longuement examiné leurs papiers, posé des questions et visité la moitié de l'appartement, elle s'est évanouie dans les bras de Gloria. Pourquoi sont-ils venus ce soir-là ? Ont-ils été informés que les deux Espagnoles du 6e reçoivent chez elle des juifs, des exilés républicains, des homosexuels, des comédiens et autres pervertis communisants ? Qu'elles ont des mœurs des plus douteuses et hébergent un ex-combattant anarchiste qu'elles font passer, y compris dans un reportage sur Maria, étoile montante du théâtre, paru dans un magazine avec des photographies où on lui a demandé de feindre de danser sur de la musique espagnole, puis de jouer de l'accordéon et du piano, pour son *frère adoptif, compositeur de musique* ? Maria est-elle observée, surveillée ?

Ces derniers temps, elle ne reçoit plus de lettres de son père, mais la Kommandantur continue de les convoquer régulièrement, sa mère et elle, pour les interroger à son sujet, où est-il, que fait-il, sont-elles en relation avec lui, Gloria prétendant invariablement qu'elle est séparée de fait de son époux depuis longtemps, qu'il s'est réfugié quelque part en Amérique latine et qu'elles n'ont aucune nouvelle. Quatre ans bientôt qu'il est parti, et cette absence obsède Maria jour et nuit. Son père, qui lui aurait enseigné tout ce qu'elle n'avait pas eu le temps d'apprendre à l'école. Son père, qui ne l'a jamais vue sur scène. Toujours réfugié en Angleterre, d'où il leur fait parvenir quand il le peut une part de ses indemnités d'ancien homme d'État, les cachets de sa fille ne suffisant pas à faire vivre et à éponger les dettes de la famille en cette époque de pénuries et de rationnement, Santiago Casares Quiroga a suivi à distance, avec attention, la carrière de Vitola, dont il note l'évolution dans ses carnets. La Nouvelle Espagne aussi s'intéresse de près à la petite Espagnole qui triomphe en France, et dès son premier succès aux Mathurins elle a été contactée par l'ambassadeur d'Espagne en France, José Félix de Lequerica, qui souhaitait l'inviter à déjeuner à La Tour d'Argent pour lui proposer de *rentrer en Espagne pour jouer dans le plus grand et le plus officiel des théâtres de Madrid*. L'Espagne franquiste ! Qui a condamné son père, *en résidence inconnue*, à une peine de trente ans de privation totale de liberté, maintient sa sœur sous surveillance, et a pillé leur maison de La Coruña ! Maria a d'abord été folle de rage. Puis narquoise. Désemparée. Terrifiée. Au même moment, elle a commencé à recevoir tous les soirs dans sa loge un énorme bouquet de fleurs de la part d'un officier allemand qui assistait à chaque représentation et voulait la rencontrer. Prise au piège. Nuits d'insomnie et de panique, de cigarettes fumées à la chaîne, serrée contre Gloria. *Il faut fuir, tout arrêter, les contrats, le théâtre, partir loin*, a crié sa mère comme une folle, mais Maria a dit non. Tremblant de la tête aux pieds, elle a appelé l'officier allemand, qui avait laissé un numéro de téléphone où le joindre, pour lui expliquer qu'elle ne pouvait accepter son invitation, et s'est présentée flanquée de sa mère au restaurant où l'attendait l'ambassadeur, des modèles toutes deux de dignité et de diplomatie. *Nous lui avons gentiment fait comprendre que nous ne nous reverrions plus*. Depuis, elle est en permanence sur ses gardes. Depuis, elle vit *en état d'urgence*.

Il y a déjà beaucoup de monde quand elles entrent dans l'appartement des époux Leiris 53 *bis* quai des Grands-Augustins. Lui, Michel, est un écrivain, poète, ethnologue, proche des réseaux de la Résistance, a répété Zanie à Maria sur le trajet, et la lecture est donnée en hommage au poète Max Jacob, interné quelques jours plus tôt dans le camp de Drancy où il vient de mourir. Ces dernières semaines, les rafles se sont intensifiées. Nina Reycine et ses parents ont disparu du jour au lendemain. Ils devaient venir dîner un soir 148 rue de Vaugirard et Maria et sa mère les ont attendus longtemps, en vain. Le lendemain, quand elle s'est rendue au domicile des Reycine et que la concierge lui a appris qu'ils avaient été arrêtés, Maria n'a pas tenté d'avoir davantage d'informations, n'a pas multiplié les démarches pour retrouver leurs traces, n'a pas usé de sa célébrité naissante pour bénéficier d'un éventuel passe-droit. Elle s'est repliée sur elle-même, s'est concentrée sur le rôle qu'elle jouait alors aux Mathurins, puis sur les tournées en province de *Solness*, les enregistrements radio qu'elle venait de commencer, Montherlant, Cossin, sur ses amis, ses rendez-vous, les *fiestas* improvisées la nuit chez les uns et les autres où, bravant sa peur de la foule et défiant le couvre-feu, elle se laissait entraîner, sa vie à la fois déjà bien remplie et déroutée, le masseur gourou qui la faisait alors fantasmer, ou un autre. Elle attire des hommes fous, sulfureux, certains beaucoup plus âgés qu'elle, et noue avec eux des relations troubles. Comme le réalisateur Henri-Georges Clouzot qui l'a convoquée à la Continental films, société de production cinématographique française créée en 1940 par Goebbels et financée par des capitaux allemands. *Le lieu avait à l'époque mauvaise réputation*, écrira-t-elle dans ses mémoires. Clouzot, trente-six ans, lui a fait une cour assidue et elle a fini par accepter de le rejoindre dans un hôtel avant de changer d'avis à la dernière minute. Il y a eu aussi l'acteur, metteur en scène et grand théoricien du théâtre irlandais Gordon Craig, soixante et onze ans, avec qui elle a entretenu une relation épistolaire intime et brûlante, tandis qu'elle se prenait d'une passion soudaine et sans espoir pour Marcel Herrand, quarante-six ans, qui était à la fois son metteur en scène et son partenaire, son directeur de théâtre et son ami, un homme d'une élégance et d'un cynisme d'une autre époque, mondain, dépressif et homosexuel, passion qui l'a rendue malheureuse pendant des mois avant qu'elle retrouve ses esprits. Maria n'a pas cherché à savoir ce qui était arrivé aux Reycine. Elle a détourné le regard et s'est blottie un peu plus la nuit contre sa mère.

De la même façon, le 19 mars 1944, son attention est aussitôt attirée, non par le portrait de Max Jacob par Picasso qui préside la séance, mais par la disposition des chaises réservées au public, qu'on a installées face aux fenêtres, devant la rangée de celles destinées aux acteurs. Étrange choix, remarque Maria, pour une lecture donnée en fin d'après-midi, avec la lumière naturelle qui aveuglera les spectateurs et placera les comédiens à contre-jour. Tout le contraire d'une vraie scène, dans un vrai théâtre. Comme elle a hâte de jouer de nouveau ! De retrouver la petite troupe des Mathurins après le tournage éprouvant du film de Carné. *La joie du comédien lisant une pièce, le travail passionnant des répétitions, et parfois, ces minutes de grâce où l'on se sent soudain le trait d'union entre une belle œuvre et un public mis en rapport avec elle par le truchement de soi.* Rien à voir avec le cinéma, où il y a tant d'attente et de préparation, d'interruptions, de frustrations, de recommencements, où l'acteur n'a ni temps ni la possibilité d'être habité par son personnage, au service et aux ordres du réalisateur qui lui laisse peu de marge de manœuvre, l'obligeant à trouver la justesse d'un sentiment à chaque prise, à rire ou à pleurer sur commande parfois plusieurs fois, dans une discontinuité totale. Une première expérience dont Maria garde une impression en demi-teinte et le souvenir d'avoir été terrifiée par Carné, impressionnée par les décors, le nombre de figurants, la multitude présente sur le plateau des studios de la rue Francœur à Paris et de la Victorine à Nice, où sa mère l'a accompagnée, partageant sa chambre d'hôtel, dormant avec elle tous les soirs. Elle ne sait que penser de cette Nathalie qu'elle a incarnée, amoureuse transie et trompée du mime Baptiste Debureau/Jean-Louis Barrault, qui lui préfère la belle Garance/Arletty, même si elle a conscience que *Les Enfants du paradis* a été tourné dans un contexte exceptionnel, que c'est une chance pour elle de figurer au générique de ce film au côté d'Arletty, de Jean-Louis Barrault, Pierre Brasseur, Pierre Renoir et de Marcel Herrand. Marcel, qui l'a entraînée dans cette aventure, a un nouveau texte à lui faire lire pour les Mathurins, une création, lui a-t-il dit. D'un jeune auteur qu'il aime, dont elle a oublié le nom.

Maria Casarès, donc. Et en elle déjà bien des personnages. Deirdre, Hilda, Ariane, Pasiphaé, Mme Tallien, Nathalie. Renvoyée du Conservatoire car trop absente et incapable de passer l'examen de janvier 1943, ayant perdu sa voix dans les paquets de cigarettes fumées compulsivement et les *déchirements de Deirdre*, ne la retrouvant qu'à grand renfort d'inhalations et de consultations ORL pour jouer tous les soirs aux Mathurins, avant de la perdre de nouveau. Sa voix, justement, dont une poignée de détracteurs souligne l'*enrouement permanent*, la *mauvaise diction*, le *reste d'accent espagnol*. Avec le mal qu'elle se donne, ses efforts incessants. Personne ne parle le français aussi bien qu'elle. Un *reste d'accent espagnol*. La confondrait-on avec

Picasso ? Sa voix, son nez fort, ses oreilles décollées, son menton pointu, son *curieux visage en losange*. On attaque son physique, sa différence. Elle a envoyé promener René Simon quand il lui a conseillé de faire un peu de chirurgie esthétique. On l'aimera comme elle est. Sur scène et en dehors.

En attendant, dans l'appartement luxueux avec vue sur la Seine de Michel et Zette Leiris, intimidée, désorientée parmi ces gens bruyants, assurés, visiblement insouciants et contents d'eux-mêmes, Barrault parlant haut et fort, ces artistes prétendument résistants, plus ou moins communistes, la jeune comédienne donne le change, cachant son anxiété et ses complexes derrière un rire un peu strident, une phrase provocatrice. Quand elle a peur, elle attaque. Dents blanches, sourire crispé, elle serre son sac à main, s'interdit de fumer afin que personne ne remarque ses spasmes de folle. Dans quelques heures, tout sera fini, elle sera dans son pigeonnier, loin de cet apparat, sans chauffage mais chez elle. Elle n'arrive pas à mémoriser le nom des personnes qu'elle rencontre, oublie les banalités échangées, attend avec impatience que la lecture commence, décidée à se concentrer sur le texte même si Zanie l'a prévenue qu'il n'y a rien à comprendre, ce n'est pas le théâtre dont Maria connaît les codes et les conventions, mais une pochade surréaliste où chaque interprète est une allégorie, elle-même jouant La Tarte, Leiris Le Gros Pied, Queneau L'Oignon, etc. La vraie représentation est en dehors du texte, dans cette concentration de célébrités et de talents, où chacun est acteur et spectateur à la fois, dans cette confusion entre la scène et la salle, d'où l'occupation singulière de l'espace et l'utilisation intentionnelle du contre-jour qu'elle comprend soudain. *C'était bien, c'était juste : on ne savait plus qui était quoi.* Et quand, enfin, tout le monde s'assoit et se tait, Maria entend les trois coups frappés par quelqu'un là-bas debout devant les fenêtres, un homme au *profil hautain*, au *front haut et fier*, qui énonce avec aisance et monotonie, comme un maître de cérémonie, les indications de scène. Elle se dit d'abord qu'elle *aimerait bien le voir jouer Dom Juan*, ayant ce réflexe d'associer les êtres à des personnages, et réciproquement, persuadée par ailleurs que cet homme est un comédien professionnel tant il lui semble bien meilleur lecteur que les autres. Puis au fil de la pièce, dont elle n'écoute rien, elle s'avoue qu'il ne lui déplairait pas de *le connaître pour…* même si elle ne formule pas la fin de cette pensée qui la distrait souvent dans les manifestations mondaines, remède contre l'ennui et la nervosité, captivée par cette voix *aux accents à la fois nets et enroués.* Une voix qui résonne en elle et lui semble l'écho de la sienne, traînante, indolente et sauvage, à l'élocution précieuse, parfois absente, une voix d'ailleurs, étrangère, exilée, qui la transperce, la foudroie, et est la seule que Maria retient de la lecture.

La seule qu'elle entend et emporte avec elle quand elle rentre rue de Vaugirard peu après, s'éclipsant rapidement sous prétexte du couvre-feu, fuyant, les joues rouges, avant d'être présentée à cet homme qui *représentait ce soir-là le Destin, las d'être destin*. Lorsqu'elle essaie de faire à sa mère le compte rendu de l'événement, elle s'aperçoit qu'elle a tout oublié sauf cet homme qu'elle a seulement entrevu comme une ombre chinoise, et dont elle ne sait rien. Sinon qu'elle le recroisera. Et le reconnaîtra.

Et quand Marcel Herrand, le lendemain, le surlendemain, quelques jours plus tard, lui donne à lire la pièce de ce jeune auteur qu'il voudrait monter aux Mathurins, persuadé qu'elle pourrait jouer le rôle de la jeune fille, Martha, qui n'a jamais connu l'amour et vit recluse avec sa mère dans une auberge dont elles assassinent les clients pendant leur sommeil, tuant une nuit par méprise le frère de l'une, fils de l'autre, persuadé, oui, que ce rôle est écrit pour elle, et que Maria commence à lire ce texte intitulé *Le Malentendu*, d'un certain Albert Camus, qui l'a vue dans *Deirdre* fin 1942 et lui a même été présenté dans les coulisses, a précisé Marcel, même si elle ne s'en souvient pas, même si ce nom ne lui évoque rien, n'ayant lu ni *L'Étranger* ni *Le Mythe de Sisyphe*, ni entendu parler de cet écrivain, elle est convaincue, de manière tout à fait inexplicable, que cet homme est celui qui, maniant le brigadier, clamait les didascalies lors de la lecture du *Désir attrapé par la queue* chez les Leiris, auquel elle n'a pas arrêté de penser depuis et qu'elle rêve de conquérir.

Je suis restée, petite et sombre, dans l'ennui, enfoncée au cœur du continent, et j'ai grandi dans l'épaisseur des terres. Personne n'a embrassé ma bouche et même vous, n'avez vu mon corps sans vêtements. Mère, je vous le jure, cela doit se payer.

Elle, c'est *ma petite Maria*, et aussi *mon chéri, petite Victoire, chérie, ma chérie, mon amour, mon cher amour, Maria – merveilleuse – vivante, noire et blanche, petite Marie, Maria chérie, terrible Maria oublieuse, Oh ! Maria chérie, mon cher, cher amour.*

Elle est chez elle 148 rue de Vaugirard, dans sa petite chambre, assise en tailleur sur son lit cosy entouré de livres, de la poésie et du théâtre essentiellement, quelques romans policiers, de coupures de presse collées aux murs, d'une photo de Marcel Herrand et de Jean Marchat, d'accessoires de toilette, et de la couronne de fleurs en satin blanc qu'elle portait dans *Deirdre*. Ses longs cheveux sont tirés en arrière, la raie au milieu, fixés par une barrette, une petite chienne blanche sommeille à côté d'elle. Elle porte un pantalon noir, un chemisier de la même couleur, à manches courtes, et fume sans discontinuer bien qu'elle prenne chaque jour, ou presque, la résolution de réduire sa consommation. Son visage est fatigué, tendu, elle paraît plus âgée qu'elle ne l'est en réalité, peut-être parce qu'elle n'est pas maquillée, ou parce que cette coiffure de jeune fille rangée qu'elle affectionne depuis quelque temps creuse ses joues et durcit ses traits. Peut-être pas. Tout autour du cendrier plein sont éparpillées les lettres que Camus lui a écrites ces trois dernières semaines, depuis qu'il a dû quitter Paris précipitamment fin juin, à vélo, avec des amis, pour se cacher à Verdelot, une commune de Seine-et-Marne située à quatre-vingt-dix kilomètres de la capitale. L'imprimerie clandestine du journal *Combat* auquel il collabore venait d'être perquisitionnée par la Milice française et la Gestapo, et plusieurs membres du réseau de Résistance dont il fait partie avaient été arrêtés.

C'est le soir. La pénombre a envahi la chambre de Maria, ouverte sur cette partie du balcon filant, sans vis-à-vis, qui donne sur les entrepôts de l'hôpital Necker-Enfants malades, dont sa mère et elle profitent l'été pour prendre des bains de soleil, nues toutes deux, peau à peau, leurs corps inséparables, fusionnels, celui de Gloria doux et rond, épanoui, enrobant les formes et les membres à peine éclos, de jeune faon sauvage, du corps de Maria. Mais ces derniers jours les bombardements se sont intensifiés, au point que dans certains quartiers de Paris les habitants préfèrent dormir dans le métro, et comme l'usage de l'électricité est interdit, le tournage des *Dames du bois de Boulogne* a été interrompu en juin, ainsi que les représentations du *Malentendu* début juillet, une semaine après la première. Un film dont elle tient le rôle principal, et une pièce accueillie dans le bruit et la polémique, où l'on ne voit qu'elle. Fin de partie, on ne joue plus. Tout est suspendu, présent et avenir, projets, perspectives, rêves et ambitions, à l'arrêt jusqu'à la Libération et Maria, dont la vie depuis quelques mois a été un tourbillon permanent d'activités et d'émotions, Maria si pressée, si impatiente, Maria volubile, exubérante, colérique, est immobile, et elle se tait. Elle ne peut fuir en avant comme elle en a pris l'habitude et noyer dans le surmenage sa nostalgie et ses angoisses. Ce désœuvrement forcé l'oblige à une introspection qu'elle a toujours soigneusement évitée, la plaçant soudain sans excuse ni protection face à des souvenirs lointains qu'elle voudrait oublier, d'enfance, d'Espagne, et à des choix urgents qu'elle ne peut se résoudre à faire. Silencieuse, sur son lit, dans cette chambre qu'elle a réintégrée depuis que Camus est entré dans sa vie et qu'elle n'arrive plus à dormir avec sa mère, le bout rouge de sa cigarette brillant seul dans le noir, elle ne parvient plus à distinguer l'écriture nerveuse et quasi illisible de son amant. Mais elle les a tant relues qu'elle connaît par cœur ses lettres, qu'il signe AC, A, Albert ou Michel, quand il n'oublie pas toute prudence, emporté par la puissance de ses sentiments, et pense à utiliser ce pseudonyme convenu entre eux.

C'est allé si vite. À présent qu'ils sont séparés et qu'elle ne passe plus dans une même journée des studios de cinéma d'Épinay-sur-Seine ou des Buttes-Chaumont aux planches des Mathurins, d'un enregistrement radio aux bras d'Albert, qu'elle ne traverse plus Paris à vélo pour le retrouver chez lui rue Vaneau ou rue Chalgrin, à *Combat* rue Réaumur, à la NRF rue Sébastien-Bottin, au Cyrano rue Biot, à La Frégate à l'angle de la rue du Bac et des quais, ou dans une des caves, des boîtes et des *fiestas* improvisées ici et là où ils sont allés quelquefois danser le tango, la valse et le paso doble, Maria mesure à quel point sa vie ces dernières semaines, depuis que Camus y occupe une place centrale, s'est agrandie. Et s'est dans le même temps remplie d'une intensité qui l'oppresse tout autant, révélant ses contradictions, ses limites, et ses peurs. Pour la première fois de sa jeune existence, traversée déjà de bombardements, de déchirements et d'exils, de promesses non tenues, Maria ne sait pas quoi faire. Elle a rencontré un homme qu'elle aime comme elle n'a jamais aimé, qui l'aime comme elle n'a jamais été aimée, lui demande de le rejoindre à Verdelot et lui écrit des lettres brûlantes, où pointent de plus en plus, au fil des jours qui passent et que Maria diffère son arrivée, l'anxiété et le chagrin. Maintenant qu'elle ne joue plus tous les soirs aux Mathurins sa *maudite pièce* comme il dit, elle n'a plus aucune raison de ne pas venir, pas plus qu'elle n'en a de faire souffrir cet homme, Albert Camus, qui tour à tour espère et se morfond. Pourtant, elle repousse sans cesse sa décision et, ce soir de juillet 1944, au lieu d'être blottie contre lui, elle est assise en tailleur sur son lit, avec sa chienne endormie pour seule compagnie, fumant dans le noir, la dernière lettre de son amant, datée du 21, entre ses doigts tremblants. *Si une fois tu m'as aimé jusqu'à l'âme tu dois avoir compris que l'attente et la solitude ne peuvent être pour moi qu'un désespoir.*

Son intuition ne l'avait pas trompée. C'était bien lui, c'était le même homme, le profil hautain, la voix trouble et familière lors de la représentation chez les Leiris et le jeune auteur de la pièce que lui avait confiée Marcel Herrand – Maria l'avait dévorée en une nuit. Le même homme fier, recouvrant sa nervosité d'une assurance feinte, comme elle l'a vérifié quelque temps plus tard quand il s'est retrouvé devant elle et les autres comédiens de la troupe pour leur lire son texte en personne chez Marcel Herrand, dans son appartement situé au-dessus du théâtre. Ils étaient tous là, Paul Œttly, Marie Kalff, Hélène Vercors, Marcel et elle, toute la distribution pressentie, assis en face de lui qui fumait cigarette sur cigarette et, après leur avoir annoncé qu'il avait le trac, a démarré sa lecture avec aisance et panache. Ils étaient là, envoûtés par cette voix traînante, volontairement monocorde, ce visage plus ou moins plissé, avec son grand front, ses cernes, ses cheveux gominés en arrière, son air nonchalant, moqueur, qui le faisaient ressembler à Humphrey Bogart. Éminemment attirant. C'était peut-être le soir, Maria ne s'en souvient pas, elle a totalement perdu la notion du jour et de la nuit à cet instant, tandis qu'Albert Camus lisait le premier acte du *Malentendu*. Elle le fixait avec ardeur et une volonté de conquête évidente, irrépressible, qu'elle n'a pas du tout cherché à cacher. Elle le provoquait sciemment, voulait le déstabiliser. C'était une sorte de jeu, de défi qu'elle s'est lancé dès que leurs regards se sont croisés, se croyant protégée par la présence des autres, séduire cet homme si sûr de lui sans vergogne ni pudeur, l'ébranler, lui faire perdre contenance, et ça a marché puisqu'au deuxième acte Camus s'est mis à transpirer abondamment, à tousser, à plusieurs reprises il a dû s'interrompre pour boire de l'eau. Des quintes de toux de plus en plus violentes entre deux sourires qu'ils s'adressaient l'un l'autre, seuls soudain autour de cette table, seuls au monde, des quintes de toux dont Maria aurait dû immédiatement identifier la nature si elle n'avait pas été obnubilée et réjouie par le tremblement qui s'était emparé de l'écrivain, en écho au sien. Alors Marcel a dit ça suffit et arrêté la lecture. Marcel passablement irrité, soudain pressé d'en finir et de mettre tout le monde dehors, possiblement, intuitivement, absurdement jaloux, sentant Maria lui échapper, leur échapper à tous.

Les répétitions ont commencé aussitôt et duré trois mois, souvent interrompues par les bombardements. Elle, Maria, sur scène, tenue d'aubergiste d'Europe centrale, robe simple sans manches, noire avec de fines lignes et un liseré clairs, sur une chemise blanche bouffante attachée jusqu'au cou, tablier autour de la taille, chignon austère, sévère, face à Marcel qui assurait la mise en scène et s'était octroyé, bien que trop âgé, le rôle de Jan, le fils prodigue que ne reconnaissaient ni sa mère ni sa sœur. Lui, Albert, dans la salle, qui ne la quittait pas des yeux pendant des heures, costume-cravate, silencieux, heureux, ému d'entendre *son propre langage par l'âme et la voix d'une merveilleuse actrice, avec la résonance exacte qu'on lui avait rêvée*, faisant passer discrètement parfois quelques remarques aux comédiens. Elle était Martha, gestes brusques, visage fermé, sauvage et pauvre, Mariquita pour Marcel quand il était de bonne humeur, Maria pour Camus qui prononçait son prénom avec douceur et dévotion, aux Mathurins et dans les cafés où tous se retrouvaient ensuite, où Albert et elle, malades de timidité, fumant sans arrêt, osaient à peine se parler au milieu des autres et ne pouvaient croiser leurs regards sans rougir. Elle mangeait comme un ogre pour compenser le manque de sommeil et tenter de chasser la peur, le sentiment nouveau qui la remplissait en présence de cet homme fascinant dont elle pressentait que l'amour, si elle l'autorisait, exigerait d'elle un don total, et ne savait plus si elle devait s'y abandonner ou résister et fuir le plus loin possible. Elle était épuisée, s'évanouissait régulièrement après un repas ou une répétition trop dense, et on mettait cela sur le compte de sa mauvaise digestion, de ses maux de ventre chroniques, de sa suractivité, de son caractère excessif. Maria se donnait tant, entièrement, avec sa voix d'un autre âge, au bord de l'extinction, elle était toute dévouée au Théâtre, la troupe, les techniciens, les deux codirecteurs la vénéraient. Une grande actrice, une immense actrice. Elle avait gagné sa place, la légende était en marche, Maria Casarès, tragédienne habitée et vibrante. Plus tard on raconterait que pour parvenir à cet état de transe elle buvait, se droguait, et avait besoin avant d'entrer en scène de *la sève prise à la va-vite entre deux portants* d'un ou deux pompiers de service.

Pourtant, chaque jour, il lui fallait quitter tout cela, sa famille, sa maison, l'adoration muette de Camus, pour le tournage mouvementé des *Dames du bois de Boulogne* en banlieue parisienne ou rue des Alouettes, le matin à l'aube ou la nuit. Redevenir Hélène, femme blessée montant un plan de vengeance machiavélique contre son amant qui ne l'aime plus, une adaptation de *Madame de la Pommeraye* de Diderot par Robert Bresson, dialogues de Jean Cocteau, robes du soir d'Elsa Schiaparelli pour Mlle Casarès. Elle était fatale, somptueuse, cheveux longs bouclés et crantés, raie sur le côté à la Rita Hayworth, elle était noire, méchante, fourbe, seule et triste dans ce film en noir et blanc qui serait seulement achevé après la guerre, fine silhouette sombre avec une capuche, de longs gants, et Cocteau s'en souviendrait pour *Orphée*, il écrirait le rôle de la Princesse/la Mort spécialement pour Maria. Mais en ce printemps 1944 elle vivait un enfer sur le plateau, contrainte de renoncer à ce qu'elle était, ce pour quoi elle s'était battue et qui la constituait, pour se plier aux ordres de ce jeune réalisateur, dont c'était le deuxième long-métrage, qui la forçait à boire afin de lui faire abandonner toute résistance et d'obtenir exactement le plan qu'il avait en tête. Bresson chez qui le magnétisme de Maria n'opérait pas, au contraire, agacé par tout son être, trouvant son jeu outré, artificiel, sa diction emphatique, *Jean m'adore et je l'adore*, le contraire du naturel qu'il recherchait et trouverait par la suite chez des acteurs non professionnels. Bresson, qu'elle haïssait de toute son âme. Elle a accueilli l'interruption du tournage avec soulagement, peu pressée que celui-ci reprenne, espérant même que le projet fût définitivement arrêté, et le dernier jour a quitté les studios Éclair d'Épinay-sur-Seine en emportant avec elle Quat'sous, un bichon femelle blanc, la petite chienne d'Hélène dans le film. Alors elle s'est rendu compte qu'il n'y avait plus rien pour la tenir éloignée de Camus, plus aucun prétexte, plus aucun obstacle. L'Histoire la poussait vers lui comme l'océan la rejetait, enfant, sur la rive galicienne, tandis qu'elle tentait de nager vers le large. Il lui était impossible d'aller à contre-courant.

Le 5 juin 1944, après une répétition du *Malentendu*, Albert Camus emmène Maria Casarès à une *fiesta* organisée par Jean-Paul Sartre et Simone de Beauvoir chez le metteur en scène, acteur, professeur et directeur de théâtre Charles Dullin, 49 rue de la Tour-d'Auvergne. Son appartement, où l'on prétend qu'a vécu Juliette Drouet, possède un grand salon circulaire orné pour l'occasion de guirlandes et de fleurs qui donne sur un jardin et accueille ce soir-là la bande à Sartre et quelques habitués de la NRF, réunis pour danser et lire des poèmes du couvre-feu jusqu'à l'aube. Maria porte *une robe de Rochas à rayures violettes et mauves, ses cheveux noirs tirés en arrière, elle est très belle*, remarque Beauvoir, mais si jeune et tellement intimidée qu'elle rit fort et accepte tous les verres qu'on lui tend, elle qui ne boit presque jamais.

C'est la première fois que Camus l'invite en dehors de la troupe, la première fois qu'ils sortent seuls et qu'il la présente à ses amis. Ils sont venus à pied de la rue des Mathurins, en poussant le vélo de l'écrivain, parlant à bâtons rompus, ne laissant pas une seconde de vide entre eux, et Maria devine qu'il a fallu à Albert un certain courage pour franchir le pas, oser lui proposer de l'accompagner à une soirée où on les verra publiquement ensemble, aussi embarrassés l'un que l'autre, rougissant de leur audace. Une soirée où il ne manquera personne pour supposer qu'ils sont amants, ou s'apprêtent à le devenir. Elle se moque totalement des qu'en-dira-t-on, son principal souci dans l'immédiat est de décider si elle cède ou non à cet homme dont elle ignore encore presque tout, qui jusqu'à cet instant ne l'a effleurée que du regard et lui prend soudain la main pour l'entraîner sur la piste de danse improvisée. Si elle plonge avec lui *au cœur même de la vie*. Elle ignore qu'il est engagé dans un réseau de Résistance et collabore à un journal clandestin, qu'il est tuberculeux comme son père, et marié depuis quatre ans. Elle ne connaît même pas son âge. Elle sait juste qu'il vient comme elle d'une autre terre, qu'il la désire et a aussi peur qu'elle.

Elle est dans ses bras et danse toute la nuit. Elle, Maria Casarès, actrice espagnole de théâtre et de cinéma à la carrière prometteuse et au succès grandissant, exilée en France depuis 1936, vierge d'amour. Lui, Albert Camus, romancier, dramaturge, journaliste, essayiste à la carrière prometteuse et au succès grandissant, arrivé d'Algérie depuis 1940, amoureux compulsif. Elle préfère le paso doble, lui la valse et le tango, mais ils accordent leurs pas, leurs corps, à tous les rythmes, à toutes les musiques, ils dansent infatigables et légers, rapprochant leurs lèvres pour se parler et s'entendre, la voix de Maria se consumant au fil des heures dans un nuage de fumée, de vapeurs d'alcool. Quand le jour se lève, elle se demande par quel miracle ils tiennent encore debout et ne se sont pas écroulés de fatigue, lui qui tousse avec affolement, elle qui a tant besoin de dormir, de manger, et n'a rien avalé de la nuit que cette eau-de-vie dont Camus enfouit la bouteille dans sa poche au moment où ils partent. Ils redescendent la rue des Martyrs sur le vélo zigzagant d'Albert, Maria assise sur le guidon, ivres et heureux, ignorant tout des combats qui ont lieu au même moment sur les plages normandes, réussissent par un nouveau miracle à arriver sans tomber ni se faire arrêter au 1 *bis* rue Vaneau et à grimper jusqu'au 6ᵉ étage, gloussant et buvant à même la bouteille d'eau-de-vie pour oublier leur trouille réciproque, jusqu'au studio où loge l'écrivain, dans le prolongement de l'appartement d'André Gide, avec sa belle hauteur sous plafond, sa loggia, son piano et un mystérieux trapèze suspendu au milieu de la pièce, au-dessus du lit. C'est l'aube du 6 juin 1944.

Maria Casarès a vingt et un ans. Albert Camus a trente ans.

La guerre les a unis, et après trois semaines où ils se sont *aimés dans la fièvre, l'impatience ou le péril*, la guerre les a séparés. Trois petites semaines seulement. Maria a du mal à le croire tant ses jours et ses nuits ont été pleins, saturés d'émotions extrêmes. Il y a eu le gala au bénéfice des exilés espagnols, où elle a récité dans sa langue natale des poèmes de Rubén Dario et d'Antonio Machado en présence de Camus, Sartre et Beauvoir. Jusque-là, elle n'avait jamais pris position publiquement pour la République espagnole, avait préféré rester discrète, plus exactement fidèle à son individualisme, son instinct de survie qui lui faisait couper net avec le passé et la moindre situation douloureuse, tout oublier, même sa langue. Elle l'a fait, poussée par Camus, bouleversée, refoulant ses sanglots, chavirée par tous ces gens qui venaient la serrer dans leurs bras et lui parler de son père. Elle a tenu bon et s'est effondrée après, exténuée par la tension, de la même manière qu'elle a fondu en larmes dans les coulisses quand le rideau est tombé, le 24 juin, lors de la première du *Malentendu* aux Mathurins.

Cette soirée, plusieurs fois reportée à cause des restrictions d'électricité, s'est déroulée dans un climat d'abord moqueur, méfiant, puis franchement hostile au troisième acte que Maria, droite et fière dans sa tenue d'aubergiste, a joué jusqu'à la dernière réplique, portant la pièce à bout de bras devant une salle divisée et déchaînée pour des raisons qui n'avaient pas grand-chose à voir avec le théâtre. Des raisons plutôt liées, même si elle ne l'a pas compris tout de suite, aux positions politiques de l'auteur et à son appartenance à la Résistance, qui commençait à se savoir, alors qu'il y avait dans la salle un certain nombre de collaborateurs. Camus, absent de l'événement pour ces mêmes motifs, avait quitté depuis quelques jours le studio de la rue Vaneau pour se cacher chez un ami d'Alger, Paul Raffi, rue Chalgrin, dans un appartement avec vue sur l'Arc de Triomphe où Maria le rejoignait quand elle le pouvait. Ce soir-là, elle a dit chaque mot pour lui, défiant la moitié du public ennemie, rendue invincible par leur amour radieux, et si les critiques dans l'ensemble ont été sévères à l'encontre de l'œuvre, elles l'ont épargnée, elle, Maria Casarès, saluant sa performance au milieu du chaos.

Ils ont rejoué le lendemain, qui était un dimanche, puis ont dû encore interrompre les représentations à cause des restrictions d'électricité, et le week-end suivant ont donné trois fois la pièce en une seule journée pour compenser les annulations des jours précédents. Mais le 2 juillet, le théâtre a fermé, pour une période indéterminée qui dépendra du temps que les Alliés mettront à marcher sur Paris, à la grande joie de Camus parti entre-temps à Verdelot et implorant avec insistance sa présence. *Oh ! c'est très bien que ton théâtre ne fonctionne plus. Tout reprendra après. Mais, pour le moment, tu vois bien que tout se prépare pour que nous trouvions le temps de nous aimer.*

Il y a eu aussi la rafle rue Réaumur alors qu'ils sortaient tous les deux de *Combat* avec une maquette à l'en-tête du journal dans la poche d'Albert. Au bout de la rue, ils ont vu les policiers français et allemands fouiller et interroger les hommes qu'ils avaient séparés des femmes. Camus a alors confié la maquette à Maria puis s'est éloigné d'elle, feignant de ne pas la connaître. Ils étaient amants depuis quelques jours à peine et elle savait déjà qu'elle aurait fait n'importe quoi pour lui, elle lui avait même demandé, à présent qu'il lui avait avoué ses activités clandestines, de faire partie elle aussi d'un réseau de Résistance. Mais quand elle l'a vu ce jour-là aux mains de la Milice et de la Gestapo, elle a discrètement déchiré la maquette en petits morceaux et les a avalés les uns après les autres. Quand ils se sont retrouvés ensuite, elle a dit à Camus qu'il valait mieux ne pas lui donner de missions avec trop de responsabilités, et encore moins d'informations : elle avait compris que si on le torturait devant elle, elle parlerait sans hésiter. Maria a également pensé qu'elle pourrait mourir à sa place, mais elle ne lui a pas dit.

Un amour fou, total. Camus est entier, possessif, jaloux. Il la réclame sans cesse, sa voix, son corps, son visage, la veut pour lui seul, accepte difficilement de la partager avec d'autres, comédiens, mondanités, obligations, Marcel Herrand toujours prêt à aller boire du champagne le soir après les répétitions, sa mère qu'elle répugne à abandonner toutes les nuits avec ce fou d'Enrique dans l'appartement, et auprès de qui elle aime quelquefois encore venir se réfugier, petite fille perdue dans des sentiments trop grands pour elle. Camus aurait voulu ne jamais être séparé d'elle. Car le temps presse, le temps leur est compté. Il lui a confessé qu'il a une jeune épouse, bloquée en Algérie depuis deux ans à cause de la guerre, qui attend la Libération pour le rejoindre à Paris. Une jeune épouse fragile et innocente, à qui il a donné sa parole et s'estime lié par un engagement qu'il ne s'imagine pas rompre ainsi à distance, par courrier, sans lui laisser la moindre chance de se défendre, cela serait indigne de lui, d'eux. Maria, de toute façon, ne le lui a pas demandé. Elle est trop fière, trop jeune. Submergée, dépassée, effrayée. Elle n'a encore de l'amour qu'une vision étroite, binaire. *Tout ou rien.* C'est très simple, a-t-elle dit à Albert avec sa voix de tragédie, quand la guerre sera finie, ils devront renoncer à leur histoire et se quitter.

Il y a eu des scènes. Au cours de ces trois semaines trop denses pour que sa mémoire puisse en retenir chaque instant, il y a eu aussi, parmi le flot de baisers et de rires, des scènes que Maria revoit avec netteté, tels des rushs projetés en boucle sur le mur de sa chambre, étincelant dans le noir. Camus n'était pas d'accord, Camus ne croyait pas *aux sentiments parfaits ni aux vies absolues*, il était persuadé qu'ils pouvaient continuer de s'aimer *contre les circonstances*, qu'ils devaient au contraire *conquérir leur amour sur eux-mêmes et le fortifier*. Camus ne croyait qu'au présent, à la vérité des corps et à la *hauteur du sentiment irremplaçable* qu'il a pour elle. Il le lui a redit dans sa dernière lettre, datée du 21 juillet, qu'elle tient dans sa main. Si elle accepte cette situation, elle consent à n'être que la maîtresse d'Albert, la femme cachée, celle qu'on maintient dans l'ombre, dans l'attente de moments furtifs toujours limités, menacés. Celle qui n'est ni fragile ni innocente, donc capable de tout endurer, avec qui on ne construit rien et à qui on ne fait pas d'enfant.

Maria a crié, agité les bras, avec tout l'orgueil et la hargne concentrés dans ce petit corps dont Camus prétend qu'il ne peut plus se passer, de sa voix rauque qui le bouleverse ; elle lui a montré un autre visage que celui qu'il dit aimer et désirer toujours contre le sien, son visage noir, guerrier, et les phrases sont sorties, dures, définitives, certaines en espagnol. Elle n'a pas traversé tant d'épreuves pour se plier au bon vouloir et à la disponibilité de quiconque. Elle est la fille de Santiago Casares Quiroga, qu'elle a vu croupir dans une cellule de trois mètres carrés à la prison Modelo à Madrid quand elle avait huit ans, quand elle était encore María Victoria, Vitoliña, Vitola. Personne ne peut mesurer combien elle a dû se battre pour devenir Maria Casarès, qui fait régulièrement se lever les trois cent et quelques spectateurs du Théâtre des Mathurins ; elle ne cédera pas une once de sa liberté ni de son indépendance, ne tolérera plus jamais de compromis. Mais il ne s'agit pas de cela, a répondu Camus qui ne cesse de lui redire son amour et son espoir de le vivre. *Personne ne t'aimera jamais comme je t'aime.* Ils se sont déchirés, meurtris, se sont réconciliés, rassurés, perdus quelques heures, retrouvés, ont bataillé contre le doute, l'impulsion, la panique, tout cela en l'espace de trois semaines. Un soir devant Marcel Herrand complètement ivre, Albert lui a proposé de partir au Mexique. Juste elle et lui. Il était prêt à tout abandonner pour elle, il était très sérieux, si elle le voulait, il prendrait le jour suivant les dispositions nécessaires pour organiser leur voyage le plus vite possible. Maria a songé à son père qu'elle n'a pas vu depuis si longtemps et qui lui manque atrocement, à sa mère qui mourra de chagrin si elle s'en va, et elle a compris que jamais elle ne s'éloignera de ses parents, jamais elle ne les quittera. Elle a laissé sa réponse en suspens. Puis il y a eu la perquisition à l'imprimerie clandestine de *Combat*, et Camus a dû fuir à la campagne d'où il lui écrit presque chaque jour et lui demande de le rejoindre. *Je t'attendrai aussi longtemps que la vie et l'amour auront un sens pour toi et pour moi.*

Elle n'ira pas à Verdelot. Même si pour l'heure elle refuse de se l'avouer, ne veut pas le reconnaître et se surprend pendant quelques minutes à s'imaginer contre son amant au milieu des roses du jardin écrasé par la chaleur, telles qu'il les lui a décrites, sa main posée sur sa joue, son visage souriant de bonheur. Son amant merveilleux, cet amour monstrueux, qui la dévore. *Peut-être te diras-tu cela à la fin de ta vie quand tu auras pu comparer, voir et comprendre et penser : « Personne, personne ne m'a jamais aimée comme cela. »* À quel prix ? Elle s'est levée, marche en long et en large dans la chambre à peine éclairée par la lune, laissant les lettres d'Albert dépliées sur son lit où Quat'sous dort toujours, et le souffle paisible, régulier, de la petite chienne semble le seul son perceptible au cœur de cette nuit sans avions ni sirènes, cette nuit où la guerre ne paraît plus exister. Est-ce possible ? Maria a l'impression de n'avoir jamais connu la paix.

Dans le courrier qu'elle adresse à Camus en retour depuis le début du mois, Maria ne cesse de trouver des prétextes, invoque des rendez-vous professionnels, des obligations, des tensions avec Marcel, donne des détails, des lieux, cite des noms – d'hommes, car elle ne sort qu'avec des hommes, comme le lui a fait remarquer Albert – qui ont pour résultat de le rendre *jaloux aussi stupidement qu'on peut l'être*. Alors qu'il a mis tout en place pour sa venue, elle a fini par lui dire que sa mère est malade, ce qui n'est ni tout à fait faux ni totalement vrai, car si Gloria se sent fatiguée ces derniers temps et dort déjà à cette heure, elle qui s'est toujours couchée tard, elle n'est pas la seule à être à bout de forces après des années de rationnement, de privations, à vivre dans la peur et le froid les longs mois d'hiver. Il n'y a rien d'anormal ni d'inquiétant à cela, tout le monde n'a pas la santé de fer de Maria en dépit de la lignée d'épileptiques et de tuberculeux que compte son ascendance, et sa mère, qui vient d'avoir cinquante et un ans, a le droit d'être un peu affaiblie. Mais maintenant Maria se reproche d'avoir impliqué Gloria dans ses justifications, de s'être servie d'elle comme alibi pour différer une nouvelle fois son départ. Elle craint que cela ne leur porte malheur.

Albert, quoi qu'il en soit, ne l'a pas crue. Il ne l'a pas formulé ainsi, il a trop de respect pour elle et pour sa mère, que Maria lui a présentée en juin lors d'une répétition du *Malentendu* à laquelle elle est venue assister et qui l'a impressionné par sa distinction. Il sait l'intensité de l'amour qu'elles ont l'une pour l'autre, mais il commence à douter de ses sentiments pour lui et de sa capacité à s'abandonner à eux comme il le fait, au-delà de lui-même. Jour après jour, il perd confiance en elle, pressent que cette séparation était un *terrible piège* et qu'elle y est tombée. *Oh ! Maria, Maria chérie, pourquoi m'as-tu laissé ainsi et pourquoi n'as-tu pas compris ?* C'est vrai, elle ne comprend pas. Albert est marié à une femme qu'il a promis de rendre heureuse et de protéger comme une *petite sœur*, belle et douce, qui débarquera à Paris dès que la guerre sera terminée. Comment pourrait-il y avoir une place pour elle, pour eux ? Elle a beau retourner la question dans tous les sens, elle ne voit pas d'autre solution que le sacrifice, le renoncement. Rompre et tout effacer. Trancher dans le vif, une fois de plus, dans les larmes et les cris, seule alternative de survie. Fuir. Peut-être, parce qu'elle est accoutumée depuis l'enfance à être régulièrement privée de ce qu'elle aime le plus au monde, à devoir tout laisser, de ses joies, de ses peines, dans des lieux où elle ignore si elle reviendra, sur des visages dont elle ne sait pas si elle les reverra, éternelle étrangère partout ; peut-être parce qu'elle est incapable désormais de s'enraciner, face à cet engagement profond du cœur et de l'âme qui lui est proposé, préfère-t-elle de nouveau l'exil.

Oui, j'ai flanché. Je n'étais certainement pas prête à une rencontre d'une pareille envergure. Et placée devant le tout, j'ai choisi le rien.

Elle, c'est Grouchenka, diminutif d'Agrafena Alexandrovna Svetlova, qu'on appelle aussi Groucha, ou Grouchka, la prostituée des *Frères Karamazov*, dans l'adaptation de Jacques Copeau, mise en scène d'André Barsacq, tous les soirs du mardi au samedi et le dimanche en matinée au Théâtre de l'Atelier à Paris, du 20 novembre au 5 décembre 1945.

Elle porte une robe en taffetas noir avec un décolleté en dentelle de la même couleur, une croix autour du cou et un foulard sur ses cheveux bouclés. Pour certaines scènes, elle entoure sa tête avec le foulard qu'elle noue sous son menton. C'est une jeune fille humiliée, à la fois pure et entretenue. Les critiques sont élogieuses, la pièce est un succès, et son ancien professeur Béatrix Dussane estime que *l'Espagne de Casarès se conjugue parfaitement avec la Russie de Dostoïevski.* Elle remarque néanmoins que Maria semble fatiguée, et se demande si elle n'est pas malade. C'est la première fois qu'elle joue ailleurs qu'aux Mathurins depuis qu'elle a quitté ce théâtre et cette troupe en juillet dernier du jour au lendemain, sans avoir signé de contrat avec quiconque, sans aucune certitude sur son avenir ni plan de carrière, persuadée seulement que le temps était venu pour elle de rompre avec l'habitude et le confort, de retrouver son indépendance et sa liberté, de s'éloigner de Marcel Herrand. *Il fallait que je parte ! Il fallait que je coupe ! Il fallait que j'aille éprouver ailleurs ce qu'il m'avait donné ! Ici on me connaissait trop ! On me faisait trop confiance ! On m'aimait trop !* Le temps des séparations nettes et des bouleversements. Des deuils. C'est pour cela peut-être qu'elle est fatiguée, que son épuisement transparaît sur scène même s'il convient plutôt bien à son rôle, même si, à part ceux qui la connaissent, tous doivent penser que ses traits tirés et ses cernes, l'affolement et le chagrin qu'on aperçoit dans ses yeux, font partie de la composition de son personnage. Peut-être pas.

Il y a un an qu'elle a rompu avec Camus. Qu'elle l'a repoussé hors de sa vie avec un désespoir sourd, brutal, et qu'il a fini, la mort dans l'âme, par respecter sa décision. *Adieu, mon amour. Adieu, mon cher, cher amour. Adieu encore, ma chérie, et que mon amour te protège.* Mais ça n'a pas été si simple. Quand Camus est revenu de Verdelot le 15 août 1944, toute sa résolution a fondu et Maria a couru dans ses bras comme si ces semaines d'éloignement entre eux n'avaient pas existé. Et ils ont recommencé à faire l'amour, à sortir dans les bars, à danser dans les caves et à se déchirer, tandis que la capitale était libérée et qu'on tondait des femmes dans le garage en face de chez elle rue de Vaugirard, transformé pour l'occasion en tribunal improvisé, sous les yeux d'une foule épuratrice, ravie. Maria ne supportait pas ces scènes de représailles sommaires qui la plongeaient dans un état de rage incontrôlable, dangereux, et si sa mère ne l'avait pas ramenée de force à l'intérieur de l'appartement le jour où du balcon elle s'est mise à insulter tous les pseudo-justiciers rassemblés en bas de chez elle, elle aurait pu avoir de sérieux ennuis. *Guarda tus gritos para España*, lui a dit Gloria, exactement les mots qu'il fallait, les justes mots. Maria s'est calmée aussitôt. *Garde tes cris pour l'Espagne*. Il y avait tant de colère en elle, de sentiment d'impuissance. Le spectacle de la lâcheté et de l'hypocrisie la révulsait, ces comités, ces commissions d'épuration qui pullulaient ici et là, y compris au Syndicat des acteurs et de la SACD dont elle a claqué violemment la porte, refusant de dénoncer qui que ce soit.

Tant de colère aussi parce que l'épouse innocente et fragile d'Albert était en route pour Paris et qu'elle, *ma petite Maria*, n'arrivait pas à s'extirper de cette situation. Chaque fois était la dernière. Elle se réfugiait dans le travail qui avait repris tambour battant en septembre, répétitions de deux nouvelles pièces aux Mathurins, enregistrements audio, créations radiophoniques, acceptait toutes les invitations, tous les contrats de cinéma, n'appelait pas, ne répondait plus au téléphone, était lointaine et inaccessible, se barricadait dans un silence qui rendait Camus fou, *le terrible et dévorant égoïsme des artistes*, a-t-il écrit alors dans ses *Carnets*. Puis elle replongeait, et c'était de plus en plus terrible, de plus en plus douloureux, insoutenable. *Nuit d'aveux, de larmes, et de baisers. Lit trempé par les pleurs, la sueur, l'amour. Au sommet de tous les déchirements.* Ce même lit dans les draps duquel se glisserait bientôt l'épouse pure d'Albert qu'il fallait préserver de la laideur du monde. Cette violence faisait-elle partie de Maria ou de leur histoire ? Elle aurait tant voulu que son père soit là. Son père était le seul être qui pouvait rivaliser avec Camus, le seul capable par sa simple présence de lui insuffler le courage qui lui manquait pour mettre fin à cette relation. Car il fallait y mettre fin, c'était sans issue, elle y laisserait sa peau si elle continuait ainsi, se répétait souvent Maria à haute voix, en marchant, comme elle travaillait ses rôles, même si celui-là était de tous le plus difficile qu'elle ait eu à apprendre, même si elle ne cessait d'échouer à le retenir. Devant son père, elle ne faillirait pas. Et en octobre ou novembre 1944, quand les communications avec l'Angleterre ont été rétablies, quand la correspondance entre Santiago Casares Quiroga et sa fille a repris de manière régulière et que la perspective du retour en France de l'ancien ministre et président du Conseil espagnol n'était plus qu'une question de temps, elle, redevenue Vitola, n'ayant jamais cessé pour son père d'être Vitola, a trouvé la force de rompre avec Albert Camus.

C'était il y a un an. Depuis Maria a tout fait pour l'éviter, ne pas le croiser ni le voir, même quand *Le Malentendu* a été repris aux Mathurins pour quelques représentations et qu'il lui a fallu redire les mots écrits par lui, être sa voix, qu'elle connaît si bien et entend encore chaude, enrouée, murmurée à son oreille. La troupe, Marcel Herrand, Jean Marchat, ceux qui l'aimaient et savaient, s'efforçaient de ne pas prononcer son nom devant elle, mais il était sur toutes les lèvres, grandissait, tandis que la France était libérée et que Maria, une fois le rideau baissé, refermait ses bras sur d'autres corps, laissant libre cours à sa *boulimie de conquête*, essayant par l'excès de travail et la consommation sexuelle d'oublier la part réservée en elle pour l'amour. Un soir pourtant, alors qu'elle sortait du théâtre en compagnie d'une autre actrice, Maria a aperçu au bout de la rue la silhouette reconnaissable entre mille, la silhouette tant aimée qui s'éloignait à grands pas. Elle a mis plusieurs jours à s'en remettre. Seul le temps finirait par apaiser sa peine, lui prédisaient les uns et les autres, ce qui la rendait furieuse et la plongeait dans un désarroi tout aussi abyssal car elle en doutait, ne comprenait pas pourquoi le temps n'accentuerait pas au contraire le sentiment d'épouvantable gâchis qui la tenaillait, ne la contraindrait pas toute sa vie à traîner comme des chaînes aux pieds d'inconsolables regrets.

Elle s'est engouffrée de manière encore plus intense dans le présent. En novembre 1944, elle joue simultanément dans *Les Noces du rétameur* de Synge et dans *La Provinciale* de Tourgueniev, participe en janvier 1945 à un festival en l'honneur de Federico García Lorca, avant de se consacrer à plein temps aux répétitions de *Federigo* de René Laporte, d'après une nouvelle de Mérimée, dont la première a lieu en mars avec le jeune Gérard Philipe en prince blanc, *la silhouette filiforme, le profil nettement découpé, le sourire clair et ingénu, les grands yeux de ciel et le regard nostalgique de Gérard*, qu'elle ne rencontre jamais en scène mais croise chaque soir entre le plateau et les coulisses. Tout cela aux Mathurins, tout cela accueilli par des acclamations et des concerts de louanges, alors que reprend le tournage des *Dames du bois de Boulogne* et que sort en salles *Les Enfants du paradis*, au succès immédiat, spectaculaire.

Son nom à elle aussi est partout et grandit en ce printemps 1945. On voit dans les magazines les mêmes photos mises en scène, Maria avec son accordéon, sur son balcon, faisant la cuisine, tirant les cartes. On lit la même histoire de la petite Espagnole exilée aux yeux verts triomphant à vingt ans dans *Deirdre des douleurs*. On la fait naître en 1923 à La Carrogna (Espagne), arriver à Paris en 1937 et mesurer 1,59 m, ou 1,61 m, et même 1,56 m, tandis qu'elle rentre tard le soir chez elle et vient se blottir contre sa mère, avec qui elle dort de nouveau. Gloria merveilleuse, compréhensive, complice, confidente. *Ma rayonnante compagne – Ma courageuse, ma vivante, ma chère, chère amie.*

Son père est revenu le 28 mai. Sa mère et elle sont allées l'accueillir à la gare mais elles se sont trompées d'horaire, ont perdu un temps fou à force de haltes, Maria contrainte de s'arrêter tous les dix mètres, pliée en deux à cause de ses maux de ventre, tellement anxieuse à l'idée de le revoir après quatre ans de séparation, et l'ont raté. Plus nerveuses et coupables encore, elles sont retournées aussi vite qu'elles ont pu rue de Vaugirard où elles ont trouvé l'ancien ministre dans la loge de la concierge, qui les attendait debout, fumant une cigarette, impassible dans un complet trois-pièces anthracite. Il a tendu les bras vers sa Vitola. Elle était nouée par la douleur, pétrifiée par le trac – qui est l'autre nom de la pudeur, le même séisme ravageur et redouté, honni, qu'elle doit combattre avant chaque représentation au prix d'une violence sur soi inouïe. Accablée par les images du passé soudain libérées, heureuses ou honteuses mais toutes étrangement aussi douloureuses, les heures passées avec Santiago Casares Quiroga à découvrir le monde dans les livres de la grande bibliothèque de leur maison à La Coruña, ce jour où il lui avait enseigné l'anatomie du corps humain en lui montrant un squelette, celui, aussi, où elle lui avait rendu visite à la prison Modelo de Madrid et où face à son visage épuisé, vaincu, qui espérait d'elle sans le formuler une phrase, un geste de réconfort, elle avait été incapable de dire un mot, d'esquisser un sourire. De la même façon, le 28 mai 1945, pendant quelques secondes Maria n'a pas réussi à avancer vers lui, et ses bras sont lentement retombés le long de son corps. *Pour la deuxième fois je manquais à mon père*.

C'est du passé désormais, les choses sont rentrées dans l'ordre. Incident clos, complicité retrouvée, cartes rebattues, tout change, rien ne change. Elle est de nouveau Vitola, Vitoliña, Victoria, dans le pigeonnier qui surplombe l'hôpital Necker-Enfants malades où elle vit avec son père, sa mère, la chienne Quat'sous et son frère Enrique qui, cette fois, s'est contenté de grimper d'un étage jusqu'à la chambre de service ; tout ce petit monde cohabitant sous le même toit sans nécessairement se croiser, mère et fille dormant ensemble quand cette dernière ne découche pas, père séjournant régulièrement en Belgique pour y retrouver sa maîtresse rencontrée pendant son exil londonien, ex-amant vivant toujours à leurs crochets et invitant ses nouvelles conquêtes dans l'appartement familial. Et, pour quelques soirs encore, elle est Grouchenka, Grouchka, au Théâtre de l'Atelier. Une femme enfant, une petite fille blessée au visage mystérieux, arrogant. Elle sait aujourd'hui que sa maison natale a été pillée et vendue, que les livres de son père ont été brûlés ou volés, que sa sœur Esther est toujours assignée à résidence en Galice, mais elle a près d'elle les deux êtres qu'elle aime le plus au monde. Maintenant qu'elle a renoncé à Albert, et malgré l'irruption d'un autre homme dans sa vie, un homme qu'elle autorise depuis quelque temps à prendre de plus en plus de place, elle pense que ses parents, malgré, ou à cause de leurs vies frondeuses, non conformistes, sont les seules personnes qu'elle a jamais aimées. Il lui est inconcevable d'envisager leur disparition.

Elle a eu une absence au premier acte, sans doute imperceptible pour le public, elle serait incapable de dire combien de secondes, le temps sur scène s'étire comme dans les rêves, aléatoire, tour à tour ralenti et intrépide. Ça lui était arrivé aux Mathurins à ses débuts, elle avait eu un blanc, paniqué, et s'était précipitée dans les coulisses rouge de honte et de colère contre elle-même, prête à fuir le plus loin possible de tout théâtre. Mais il y avait Jean Marchat et Marcel Herrand, et l'un et l'autre, habitués aux situations extrêmes, capables de jouer en toutes circonstances, même ivres morts et accablés par la dépression, l'avaient forcée à retourner sous les projecteurs où elle avait repris son rôle et son texte comme si de rien n'était. *Le monde entier est un théâtre*.

Ce soir, c'est son partenaire, Pierre Reynal, qui a ramené Maria du côté de la lumière, son regard doux et perçant qui l'a obligée à réoccuper le corps de Grouchenka qu'elle avait quitté sans bouger de place. Il y a toujours un moment au cours d'une représentation où elle ne peut s'empêcher de penser que dans le noir de la salle, parmi les spectateurs invisibles qu'elle entend respirer, réagir et tousser, dont elle sent le souffle proche, Albert est là, caché dans la foule. Albert qui vient de monter une nouvelle œuvre à Hébertot dont on n'a pas cessé de parler, sans elle et avec Gérard Philipe à qui il a confié le rôle principal. Albert qui est devenu père, a eu des jumeaux avec sa femme immaculée, sa petite sœur. Comment Maria pourrait-elle l'ignorer ? Elle n'est pas allée voir *Caligula*, mais a félicité Gérard et Paul Œttly qui assurait la mise en scène. Ils ont été tellement gentils quand son père est rentré en juillet alors que la saison théâtrale venait juste de se terminer et qu'ils ont accepté de jouer gratuitement, à huis clos, juste pour lui, une représentation supplémentaire de *Federigo* afin qu'il puisse enfin admirer sa fille sur scène ; même si son père n'a pas tellement aimé son jeu. Elle a félicité tous les gens qui ont participé de près ou de loin à cette création, qu'elle connaît forcément ; c'est son monde à présent, elle baigne dedans du matin au soir, c'est sa vie, le malheur c'est que ce sont aussi le monde et la vie de Camus. Mais ce n'est pas pour ça qu'elle s'est figée soudain tout à l'heure, les yeux pleins d'effroi, et a disparu en elle-même.

Cela fait plusieurs mois maintenant qu'elle est officiellement en couple avec Jean Servais, acteur belge de trente-quatre ans, voix d'acier, belle gueule déjà marquée avec de grosses poches sous les yeux, des *malles* comme ils aiment dire, d'ancien alcoolique. Beaucoup vu au cinéma depuis 1932, peu au théâtre, second rôle toujours, méchant souvent, carrière à l'arrêt depuis la Libération, depuis qu'il a été frappé d'interdiction temporaire de travailler par les comités d'épuration. C'est dans la loge de Marcel, aux Mathurins, qu'elle l'a croisé la première fois. Maria venait d'avoir vingt-deux ans et de quitter Camus, elle avait besoin de se sentir désirée mais surtout *tenue*, emportée ailleurs, qu'un homme avec de la poigne corsète son corps et ses pensées en roue libre. Un homme qui ne tremble pas devant elle, lui résiste, ne la fasse pas bâiller d'ennui au bout de cinq minutes et ait assez de poids pour recouvrir l'ombre d'Albert. Ce soir-là, dans la loge de Marcel Herrand, elle a voulu voir en Jean cet homme, s'est persuadée qu'elle pourrait tomber amoureuse de lui et lui donner ce qu'elle n'avait pas donné à Camus. C'était quelqu'un comme ça qu'il lui fallait, s'est-elle dit d'instinct après avoir échangé avec lui quelques banalités, reconnaissant aussitôt dans son regard grave la détresse, la solitude, la violence et la folie, *la peine de vivre*, qu'elle redoutait en elle et recherchait tant chez les autres. Alors quand, quelques jours plus tard il est venu, comme par hasard, sur le plateau des *Dames du bois de Boulogne* rendre visite à Lucienne Bogaert qui est une de ses amies, Maria est repartie avec lui.

Rue Vineuse. Un petit rez-de-chaussée derrière le Trocadéro. C'est là qu'ils se retrouvent, qu'elle reste la nuit parfois, chez Jean. Que tendre et doux il lui apporte son petit déjeuner au lit sur un plateau, lui prépare ses mouillettes pour son œuf à la coque, la traite comme une princesse, déclare qu'elle est la femme de sa vie, sa moitié, son âme sœur, qu'il a tant cherchée et ne quittera jamais, convaincu de leur union *à vie et à mort*. Qu'obscur et rugueux il peut se métamorphoser en quelques heures en démon furieux, cynique et jaloux, terrifiant, capable de briser tout ce qui a le malheur d'être à portée de ses mains. Il n'a jamais frappé Maria, mais depuis qu'elle est avec Jean, elle vit en état d'alerte permanent, avec le sentiment d'un danger continuel imminent. *Je crois n'avoir jamais traversé la place du Trocadéro pour me rendre rue Vineuse sans me demander si j'en reverrais le Palais de mon vivant.* Elle se convainc que cet état d'alerte, cette menace de péril sont un mal nécessaire pour la tenir à distance de Camus, de l'Espagne, de la Galice, de toutes ses trahisons passées. Qu'ils sont une forme d'amour comme une autre, plus rude et éprouvante que celle que connaissent la plupart des gens, mais c'est sans doute ce qu'il lui faut, ce qu'elle mérite.

Maria ne joue pas bien ce soir, n'arrive pas à redevenir totalement Grouchenka. Après la représentation, elle ne rentre pas chez elle, ne va pas chez Jean non plus, mais se rend directement à l'Institut Curie, chambre 212, au chevet de sa mère. Comme elle le fait depuis quelques semaines, depuis qu'en rentrant à l'appartement après une répétition des *Frères Karamazov* elle a trouvé Gloria qui se tordait de douleur par terre et appelé en urgence un ami de son père, médecin galicien, qui a diagnostiqué un cancer de l'estomac à un stade très avancé et l'a fait hospitaliser, obligée brutalement d'ouvrir les yeux sur ce qu'elle s'était refusé de voir ces derniers temps malgré de nombreux signes annonciateurs, recluse volontaire dans sa cellule de théâtre et sa liaison avec Servais. Maria lui caresse la main et le visage, le beau visage de sa mère ravagé par la souffrance ou anesthésié par la morphine. Gloria se meurt, Gloria va mourir. Des mots absurdes dont sa fille s'épuise à percer le sens. Il y a trois mois à peine, au mois d'août, elles dévalaient ensemble main dans la main les dunes et falaises de Camaret, *courant comme des fugitives* aussi longtemps qu'elles le pouvaient avant de rentrer à l'hôtel où, dans la chambre qu'elles partageaient, sa mère lui préparait des bains brûlants à la moutarde dans le but de déclencher ses règles. Maria avait du retard et redoutait d'être enceinte. Mère et fille complices, effrayées, amusées et honteuses, riant, chuchotant, en cachette de Santiago Casares Quiroga revenu d'Angleterre le mois précédent, qui occupait la chambre voisine et ne se doutait de rien. *« Eh bien, demain on le lui dira. Et s'il y tient, ce dont je doute, tu te marieras ! Ce n'est pas l'enfer ! »* lui a murmuré Gloria à l'oreille un soir quand elles se sont couchées, après un dîner où Maria a commencé à se sentir coupable de mensonge par omission à l'égard de son père, serrant son corps chaud contre le sien. Et avant de sombrer presque aussitôt dans le sommeil, car le contact de Gloria a toujours eu cet effet sur elle, à la fois tranquillisant et tonique, Maria a juste eu le temps de penser qu'elle n'avait pas du tout envie d'épouser Jean Servais et voulait passer le reste de sa vie au côté de sa mère. Ses règles finalement étaient arrivées, peut-être grâce aux remèdes miracle de sa mère, peut-être pas, mais le résultat était le même, elle n'était pas enceinte de Jean, ni de personne, et Maria était tellement contente, tellement soulagée, qu'elle a tout raconté à son père le soir même. *De toute façon tu n'as que la peau sur les os et il faut un minimum de gras pour faire un bébé*, a réagi Santiago en haussant les épaules. Et ils ont ri tous les trois, et bu du vin blanc et mangé de la langouste.

C'était il y a trois mois, c'était hier, et le corps de sa mère est maintenant sur un lit d'hôpital étendu devant elle, sous perfusion, ayant perdu la grâce, la splendeur qui l'ont toujours caractérisé, chaque jour plus étranger, plus lointain, et Maria s'oblige à le toucher, à le caresser, comme pour le retenir. Elle parle à voix haute, en espagnol, raconte la pluie et la terre verte de Galice, les forêts millénaires de pins et d'eucalyptus, les vallées verdoyantes, les prés, les côtes, les rias, la pierre des maisons, les toits de chaume anciens, la petite plage de Bastiagueiro, à Montrove, à laquelle elles accédaient à pied après avoir crapahuté par des chemins creux bordés de pâquerettes et de coquelicots. Gloria et sa jupe blanche collée à ses flancs voluptueux, *fière et libre, lourde de plaisir, de bonheur, de sel, de vent, de beauté*, sa mère superbe dans le soleil, marchant devant elle pour toujours avec ses espadrilles qui laissaient de fines traces de pas dans la poussière et dans lesquelles Maria s'efforçait de marcher. Elle parle et rit et pleure toute seule pendant des heures, comme une folle, dans cette chambre de l'Institut Curie où sa mère ne l'entend peut-être plus, sa mère qui dort tout le temps désormais, et les infirmières au petit matin viennent doucement détacher ses doigts des doigts de Gloria et lui dire de rentrer chez elle car il faut absolument qu'elle se repose et mange et prenne des forces si elle veut redevenir Grouchenka, elle est maigre à faire peur.

Gloria Pérez Casares meurt le 10 janvier 1946 à l'âge de cinquante-trois ans. *Ma charnelle, ma lumineuse, ma fragile guerrière, ma chérie, celle devant qui je me disais que jamais, jamais personne ne m'aimerait comme elle*. Elle est enterrée deux jours plus tard au cimetière du Montparnasse dans le sol de France, loin de l'Espagne, qu'elle n'aura pas revue, à l'issue d'un service religieux de 7e classe, en présence seulement de quatre personnes, son époux Santiago, sa fille Maria, son fils adoptif Enrique López Tolentino, et Sergio Andión, *tío* Sergio, ami d'enfance de Santiago.

Jean Servais n'est pas là, et on ne sait pas si c'est parce que Maria lui a demandé expressément de ne pas venir ou parce qu'ils traversent à cette période une de ces zones de tension dont leur histoire est constituée. Maria serre les poings et avance. *Tout va très bien, madame la marquise.* Une femme qui marche, une jeune femme maigre et malheureuse, vêtue de noir, en grand deuil. Elle a reçu une lettre de condoléances d'Albert Camus, datée du 15 janvier, brisant pour la circonstance le pacte de silence instauré entre eux depuis plus d'un an. *Tout mon cœur est avec toi depuis que je sais, et aujourd'hui plus que jamais je donnerai ce que j'ai de meilleur pour pouvoir t'embrasser avec toute ma tristesse.* Elle vient de signer deux nouveaux contrats de cinéma, l'un avec André Cayatte pour la suite de *Roger la Honte* qu'elle a tourné à l'automne, l'autre avec André Zwobada pour un film qui sera réalisé au Maroc, dans lequel elle a exigé que soit également engagé Jean Servais. Elle n'est pas sûre que ce soit une bonne idée, travailler avec lui alors qu'ils ont déjà tant de mal à être en présence l'un de l'autre sans avoir rapidement envie de s'entre-tuer, mais elle a agi avec impulsion comme toujours, la tête la première. Pas pleurer, aller de l'avant, ne pas se retourner, *cortar por lo sano.* Repousser le plus loin possible l'image de sa mère dans son cercueil, sa tête soigneusement bandée, son beau visage pur comme assoupi, qui la réveille presque toutes les nuits tremblant d'épouvante dans les bras de Jean. C'est au cours d'une de ces nuits de cauchemar qu'il l'a demandée en mariage, et Maria a dit oui. Elle n'a jamais aimé dormir seule. Elle n'a pas répondu à la lettre de Camus.

Elle, c'est Gina del Dongo, la belle duchesse de Sanseverina, dite « La Sanseverina », dans l'adaptation du roman de Stendhal que Christian-Jaque tourne en Italie à partir du mois de mars 1947 avec Gérard Philipe et Renée Faure dans les deux autres rôles principaux.

Sur la photo officielle de plateau que Maria envoie à son père, elle est assise dans un fauteuil d'apparat Louis XIII à grand dossier en velours et bois sculpté, aux longs accoudoirs. Elle porte une robe sombre, somptueuse, qui semble également en velours et se confond avec le fauteuil, une robe de soirée, de bal, de duchesse, fortement serrée à la taille, avec un liseré en dentelle blanche bordant son décolleté et ses manches longues, et une sorte de fleur brodée de la même couleur sur l'épaule gauche, à moins qu'il ne s'agisse de l'extrémité du frou-frou de son immense chapeau qui tombe jusque dans son cou. En réalité cette robe est en taffetas vert, mais la photo est en noir et blanc et la reproduction de piètre qualité, et cela non plus n'a pas d'importance. Ses cheveux noirs sont coiffés en un chignon haut et masqués en partie par ce chapeau extravagant noué autour de sa tête par un ruban, dont dépassent, encadrant de manière parfaitement symétrique son visage sévère, deux rideaux de mèches crantées. Sa main droite est posée sur son giron, tandis que la gauche est levée, tournée vers son cœur, les doigts légèrement écartés, l'index et le majeur touchant le long pendentif qui entoure son cou et glisse sur son ventre, dans une étrange attitude qui rappelle *Le Chevalier à la main sur la poitrine* du Greco. La Sanseverina fixe l'objectif avec un regard froid, noir. Ses sourcils aussi sont noirs, ainsi que la mouche qu'on lui a dessinée sur la joue droite. Même sa bouche fermée, pincée comme si elle serrait les dents, paraît noire, et Santiago Casares Quiroga, dans la correspondance soutenue, pleine d'humour, qu'il entretient avec sa fille depuis qu'elle est partie à Rome, se moque de *« La Casarès » travestie en Sanseverina. Ton nez catégorique et empâté, ta mâchoire forte et dure comme celle d'un dictateur, ton air plaqué et caparaçonné sorti tout droit d'Estrémadure : De toutes les faces de brute que je t'ai vue exhiber au cours de ta vie artistique, voilà la plus parfaite – parce que la plus abrutie.*

Maria a vingt-quatre ans. L'année dernière, elle a tourné trois films à succès, peu mémorables, pour le cinéma, *La Revanche de Roger la Honte* d'André Cayatte, *La Septième Porte* d'André Zwobada et *L'Amour autour de la maison* de Pierre de Hérain. Elle a créé *Roméo et Jeannette* de Jean Anouilh au Théâtre de l'Atelier, enchaîné avec la reprise des *Frères Karamazov* sur cette même scène, et prêté sa voix à de nombreux enregistrements à la radio. Remplir, avancer, répéter, jouer, en une ronde sans fin. Lors d'une énième dispute avec Jean Servais pendant le tournage harassant du film de Zwobada en juin à Rabat, alors qu'il menaçait de se jeter du balcon de sa chambre d'hôtel, elle a ouvert grand la porte-fenêtre et lui a dit : *vas-y*. À cet instant, il n'est pas impossible qu'elle ait désiré que Servais saute pour de bon et que tout s'arrête là, mais il ne l'a pas fait et, fin août, Maria l'a accompagné en Belgique afin d'être présentée à sa famille en vue de leur mariage. Ensuite elle est partie seule en Bretagne tourner le film de Hérain où elle a retrouvé Pierre Brasseur, son complice des *Enfants du paradis*, et savouré sa liberté temporairement retrouvée. À son retour à Paris, elle est sortie un soir avec Jean au Théâtre des Champs-Élysées. Ils étaient placés au premier rang et, juste avant le lever de rideau, elle s'est retournée et a vu Albert, assis quelques rangs derrière eux, qui la regardait fixement. Il n'était pas seul lui non plus. Maria lui a adressé un léger signe de tête, puis a tenté de se concentrer sur la pièce, rouge et encore frissonnante, dont elle n'a rien retenu. Quand elle s'est retournée à l'entracte, Camus était parti.

Roman. « *Un dernier mot. La question n'est pas d'engager un délicieux et amer dialogue avec une belle image disparue. La question est de la détruire au fond de moi avec application, implacablement, de défigurer ce visage pour éviter à mon cœur le sursaut désespéré que lui donne la mémoire...* » « *Tuer cet amour, ô mon amour.* »

Id. « *Il y avait dix ans qu'il n'avait pas pu entrer dans une salle de spectacle...* »

C'est peut-être ce soir-là, de retour rue de Vaugirard, que dans un accès de fureur elle a déchiré la photographie de sa mère en tenue d'infirmière à l'hospital Oftálmico de Madrid avant de ramasser les morceaux et de les conserver pieusement dans une boîte, pleine de remords. Sa mère, sa chérie, sa douce, qui l'avait abandonnée, l'avait laissée seule au monde, comme Albert, cher, irremplaçable Albert. C'était lui qui avait raison, ils auraient dû vivre leur histoire coûte que coûte, n'avaient pas le droit de renoncer à leur amour. Un tel amour. Une telle entente. Elle était trop jeune, trop orgueilleuse. Ils se sont perdus pour toujours et la vie de Maria est entrée dans une confusion totale. Depuis que Gloria est morte, le pigeonnier a perdu son éclat et son statut de refuge. Entre Santiago, malade, alité la plupart du temps, à qui Maria a laissé la chambre qu'elle occupait avec sa mère, et Enrique qui continue de vivre à leurs crochets dans la pièce du dessus, elle n'arrive plus à retrouver ses marques. Le souvenir de Gloria envahit chaque recoin ; parfois Maria a envie de jeter tout ce qui lui a appartenu, cape de zibeline, verroteries, mais elle flanche toujours, et la culpabilité lui cause des maux d'estomac terribles. Il y a pourtant Angeles et Juan, ce couple de domestiques espagnols qu'Enrique lui a présentés et qui commencent à prendre une place centrale dans sa vie, venant régulièrement s'occuper de l'appartement, ce que Maria est incapable de faire. Mais pour l'heure elle ne mesure pas combien leur présence rassurante, solide, va lui devenir indispensable, et n'a pas les moyens de les embaucher à plein temps à son service. Alors il reste le travail, les contrats signés à la chaîne, et la rue Vineuse, Jean Servais qu'elle a promis d'épouser et rejoint chaque fois la peur au ventre, plus encore depuis qu'il lui a fait rencontrer un de ses meilleurs amis, Jean Bleynie, un homme d'affaires du Sud-Ouest, aussi brun et riche qu'il est blond et pauvre, censé être son témoin de mariage, avec qui rapidement Maria s'est mise à coucher aussi en secret, à la fois angoissée et désireuse que Servais le découvre. Et elle, qui a toujours eu une santé de fer, n'arrête plus de tomber malade, coqueluche, rougeole, fièvre, sans parler de crises d'urticaire et d'éruptions cutanées à répétition. Quelque chose doit craquer. C'est dans ce contexte agité, dominé par la *Dynastie des Jean*, comme l'a formulé son père à qui elle a tout raconté, que Maria, accompagnée d'Angeles, a commencé en mars 1947 le tournage de *La Chartreuse de Parme*. *J'espère que tu te soignes comme il convient et que, dans la mesure du possible, tu isoleras ton travail des complications sentimentales.*

Deux mois plus tard, le 16 mai, à Rome, il n'y a plus de Gina del Dongo, de duchesse flamboyante, de Sanseverina. Dans sa chambre de l'Albergo della Città, Via Sistina 69, où elle loge avec Angeles et son père qui les a rejointes fin avril, ainsi que Gérard Philipe dont elle s'est beaucoup rapprochée ces dernières semaines, avec qui elle s'entend à merveille, il y a une jeune femme étendue par terre, le visage tuméfié et le cou plein de marques. Après avoir arraché le lavabo de la salle de bains, Jean Servais, arrivé à son tour quelques jours plus tôt dans la capitale italienne pour un autre film, s'est avancé vers elle. Il ne l'avait jamais frappée jusque-là, mais cette fois Maria a su qu'elle n'y échapperait pas. Elle venait de lui révéler sa liaison avec Jean Bleynie et de lui annoncer dans la foulée qu'elle allait l'épouser ; la cérémonie aurait lieu à Santa Maria in Araceli, son père était d'accord et Gérard Philipe avait accepté d'être le témoin du marié. C'était mieux comme ça, a-t-elle tenté d'argumenter, Jean B. lui offrait une sécurité financière, une stabilité qu'elle n'avait plus connue depuis qu'elle avait quitté l'Espagne et dont elle pensait avoir besoin. Peut-être se trompait-elle, en réalité elle n'était pas sûre de savoir qui elle aimait, si elle aimait vraiment quelqu'un, mais c'était un choix raisonnable qui rassurait son père, un choix qui simplifiait tout et rendrait leur vie plus confortable, elle était fatiguée, elle voulait en finir. Il faisait chaud à Rome, beaucoup trop chaud pour elle qui rêvait de paysages verts et pluvieux, de ciels plombés, de vents cinglants comme en Galice, et ce maudit tournage, prévu en principe pour treize semaines, était parti pour durer bien plus longtemps. Elle aurait donné n'importe quoi pour sortir de cet enfer. Maria a regardé calmement Jean venir vers elle, l'a regardé pendant qu'il serrait ses mains autour de son cou, a continué de le regarder tandis qu'elle sentait la vie la quitter. *Je ne pensais plus à rien. J'étais vide et prête. J'attendais que tout soit consommé.*

Ses longs cheveux noirs, comme un éventail autour de sa tête. Elle ne sait pas combien de temps elle a perdu conscience, mais quand elle rouvre les yeux, Maria est seule dans sa jolie chambre qui donne sur la cour de l'hôtel où, le soir, un orchestre joue pour les clients. Servais a disparu et, peu à peu, le souvenir de ce qui s'est passé lui revient à la mémoire. Elle a mal à la tête et au cou, se lève pour aller constater les dégâts dans la salle de bains où le lavabo, quand Jean l'a violemment jeté par terre, a brisé plusieurs carreaux au sol. L'image que lui renvoie le miroir lui donne presque envie d'éclater de rire. Adieu les studios de la Scalera. La Sanseverina va être obligée de prendre quelques jours de repos forcé. Même le plus habile des maquilleurs ne pourrait pas dissimuler les traces de la violence qu'elle a subie. *Face de brute*. Elle se demande comment son père et Gérard vont réagir. Gérard surtout, qui ne la quitte plus et reste des heures jusque tard le soir dans sa chambre sous prétexte qu'ils doivent répéter leurs scènes et dialogues pour le lendemain, allongés souvent côte à côte sur le lit, faux jumeaux, riant, s'amusant, se confiant l'un à l'autre, sortant dîner seuls ou avec Santiago, et aussi danser quelquefois, feignant d'être fiancés pour que Maria ne soit pas importunée. C'est le couple parfait, beau, jeune et talentueux, les deux enfants chéris du théâtre et du cinéma français d'après guerre, leurs corps et leurs bouches et leurs yeux se frôlant sans cesse, chaque fois plus près. C'est elle qui aurait dû jouer Clélia Conti à la place de cette petite hypocrite de Renée Faure dont elle se méfie comme de la peste, mais c'est toujours pareil, comme pour *Les Enfants du paradis*, comme pour *Les Dames du bois de Boulogne*, dans les films Maria est la femme qui aime et n'est pas aimée en retour. Et dans la vie elle passe d'un Jean à l'autre, alors que c'est Gérard qu'elle désire.

Son père veut porter plainte et Gérard régler son compte à Servais, mais elle les supplie l'un et l'autre de ne rien faire et envoie l'acteur raconter à la production qu'ils ont eu ensemble un accident d'autos-tamponneuses pour justifier ses bleus. *Je suis la seule fautive. Je méritais le pire.*

Maria reprend vite le tournage, si mince et pâle dans les robes corsetées de la Sanseverina, si pleine d'amour et de désir interdits pour son neveu Fabrice interprété par Gérard, alors qu'une chaleur de plus en plus lourde écrase Rome, qui exacerbe les sens et tourne la tête. Débarrassée de Jean Servais, sur le point d'épouser Jean Bleynie qui l'appelle tous les soirs et s'apprête à revenir en juin pour fixer la date de leur mariage, elle passe son temps avec Gérard, son ami, son complice. Son frère. Leur amitié perd de sa légèreté. La frustration les énerve. Ils deviennent fébriles, tendus et irritables en présence de l'autre. Ne pas succomber. Résister à la tentation. Entre deux prises, Maria lit *La Peste* que lui a offert Gérard, reconnaissant chaque mot de son auteur, sa voix familière et intime, et le souvenir d'Albert, jamais loin, ajoute à sa *débâcle intérieure*. Un mariage serait peut-être une solution à ce grand désordre, mais quand Bleynie est de retour à Rome, Santiago, Gérard et même Angeles ont déjà compris, avant Maria, qu'elle va rompre avec lui et ne l'épousera pas.

Elle est dans les bras de Gérard. Elle porte une robe noire en coton épais, serrée à la taille par une ceinture de la même couleur, qui épouse et couvre son corps jusqu'au cou, avec des manches longues. Ses cheveux sombres, touffus, crantés sur le haut du crâne, descendent jusqu'au milieu de son dos, jusqu'aux mains blanches et grandes de Gérard qui la pressent avec force contre lui. Ils sont assis sur un lit. Elle a passé ses bras autour de son cou et le serre avec la même intensité, s'accroche à lui comme si sa vie en dépendait. Leurs jeunes et beaux visages, l'un contre l'autre, ne regardent pas dans la même direction. Ils ne sourient pas. Gérard paraît inquiet. Elle, déterminée.

Maintenant elle est allongée sur le lit blanc, offerte, avec sa robe et ses cheveux comme des pétales noirs, et Gérard est penché sur elle, tout près. Il la contemple, semble attendre un geste de sa part ou vouloir l'embrasser, mais elle ne le regarde pas. Elle fixe un point quelque part, avec nostalgie ou résignation ou tristesse.

Ses longs cheveux, sauvages, épars, ses cheveux magnifiques pour seuls accessoires.

Laisse-moi te dire : j'ai besoin de me sentir voyagée comme une femme. Depuis des jours et des nuits tu me révèles. Depuis des nuits et des jours je me préparais à la noce parfaite. Je suis libre avec ton corps.

Ce lit est un praticable incliné à 30 degrés vers la salle, recouvert d'une peau de bête blanche, un décor conçu par le peintre chilien Roberto Matta pour le metteur en scène Georges Vitaly. Maria Casarès est l'Amoureuse, Gérard Philipe est le Poète, et Roger Blin le Diable, dans *Les Épiphanies* d'Henri Pichette, *mystère profane*, poème-théâtre explosif et avant-gardiste, créé le 2 décembre 1947 au Théâtre des Noctambules à Paris. C'est Gérard, pendant le tournage de *La Chartreuse de Parme*, qui a proposé à Maria de monter ensemble cette œuvre flamboyante, audacieuse, il était fou du texte et c'était avec elle qu'il voulait le jouer. Rentrés d'Italie le 1er octobre, ils ont commencé les répétitions au Théâtre Édouard-VII où la pièce devait être créée, mais à la mi-novembre le directeur de ce théâtre a fait marche arrière par peur du scandale. Gérard n'a pas renoncé, et il a loué à ses frais cette petite salle de la rue Champollion où, jusqu'au 20 janvier 1948, Maria et lui se roulent sur un faux lit blanc et se caressent devant le public avec des mots. *Je t'imprime. Je te savoure. Je te rame. Je te précède. Je te vertige. Et tu me recommences.* Des mots transgressifs, détournés, une langue nouvelle qu'elle prononce avec délectation et une diction appliquée. Sa voix rauque, envoûtante. Il n'y a plus personne pour lui reprocher *un reste d'accent étranger*. La dernière trace de Galice.

Elle est dans les bras de Gérard mais quelque chose s'est cassé entre eux depuis Rome et la nuit – unique, prétendra toujours Maria –, en septembre à l'Albergo della Sibilla, juste avant la fin du tournage, où ils ont fini par céder au désir, quelque chose de léger et d'innocent et de complice qui les liait, et a disparu dans l'union de leurs corps. Ils essaient pourtant, et sortent ensemble après la représentation, traînent dans les cafés, les restaurants, se perdent dans des fêtes, seuls ou avec d'autres, mais Maria s'ennuie. Elle se l'avoue un soir alors qu'entourée de gens bruyants et joyeux elle n'arrive plus à avancer ni à danser ni même à boire. Elle a beau être désormais une des actrices les plus célèbres de France, une *vedette*, à la fois connue du grand public, notamment grâce aux films de Cayatte, et estimée par une élite intellectuelle pour sa carrière au théâtre, ses choix éclectiques et libres, son jeu intense, son engagement passionné sur scène ; elle a beau accepter et enchaîner les projets les plus aventureux, les plus fous, comme ces

Épiphanies de Pichette ou, à la même époque, la création radiophonique de *Pour en finir avec le jugement de Dieu* d'Antonin Artaud, qui sera censurée la veille de sa diffusion, Maria Casarès a vingt-cinq ans, elle est au summum de sa beauté, le cinéma et le théâtre sont à ses pieds comme tous les hommes qui croisent sa route, et elle s'ennuie. Elle a quitté Camus, Servais, Bleynie. *Vide. Dispersion.* Solitude. Alors un soir elle demande à Gérard de l'accompagner dans un bar de la rue Vineuse, elle ne lui dit pas pourquoi. Jean Servais est là, debout seul au comptoir. Pendant une demi-heure, sous une *lumière glauque*, ils improvisent tous trois un impossible dialogue, et quand Gérard à la fin, agacé, piégé, lui propose de la ramener chez elle, Maria se tourne vers Servais et lui demande en un murmure si elle peut rester avec lui. *Tu veux bien, Jean ?*

Jouer. Jouir.

Et tu me recommences.

Elle est à Nice. Elle est arrivée le 18 février 1948 pour le tournage de *Bagarres*, d'Henri Calef, prévu pour trois mois, une adaptation du roman de Jean Proal paru trois ans plus tôt. Maria joue une servante de ferme qui, d'abord manipulée puis trahie par l'homme qu'elle aime, accepte de séduire son patron afin d'hériter de sa fortune. Un rôle de fatale, de vénale, de trompée.

Elle porte une robe humble et noire, les cheveux lisses, lâchés sur ses épaules. Le matin on vient la chercher à son hôtel, on la conduit aux studios de la Victorine, on la maquille, on la coiffe, on l'habille, on l'installe sur le plateau, on lui dit comment se tenir, comment bouger, comment parler, on le lui dit toute la journée, on lui demande de refaire ce qu'elle vient de faire, plusieurs fois à la suite, même si un long temps s'écoule toujours entre deux prises. Le cinéma, c'est attendre pendant des heures. Régulièrement on la remaquille, on la recoiffe et on lui arrange ses vêtements, on lui offre de l'eau car très vite il fait chaud sous les lampes écrasantes des studios et sur cette Côte d'Azur dont Maria déteste le climat, on s'assure qu'elle ne manque de rien, on est aux petits soins avec elle, puis on la démaquille, on la déshabille, on lui masse la nuque et le crâne, on l'emmène dîner, et on la raccompagne à son hôtel.

Cinq ans ont passé depuis la première fois qu'elle est venue là. C'était la guerre, son père était exilé en Angleterre et elle tournait *Les Enfants du paradis*, son premier film pour le cinéma, dans ces mêmes studios où Marcel Carné avait reconstitué le boulevard du Crime dans des décors conçus par Alexandre Trauner et Léon Barsacq, ses cafés, calèches, théâtres, ses saltimbanques, pantomimes, funambules, et ses mille deux cents figurants. Maria se souvient de l'effet que cela avait produit sur elle, de la peur que tout lui inspirait, de l'hebdomadaire de spectacles illustré, *La Semaine*, qui avait mis une photo d'elle à sa une en maillot de bain sur la plage de Nice, starlette brune et coquette s'examinant dans un miroir de poche. *CETTE JEUNE FILLE SERA-T-ELLE LA RÉJANE DU XX*e *SIÈCLE ?* La presse de spectacles s'était entichée d'elle et les articles se multipliaient, la plupart du temps truffés d'erreurs ou de renseignements farfelus. *Nom véritable : Maria-Victoria Casarès. Poids : 52 kilos. Tour de poitrine : 86. Tour de taille : 62. Tour de hanches : 88. Tour de cuisses : 43. Tour de mollets : 31. Tour de cou : 31.* Qu'elle découpait avec sa mère et collait dans un album.

Elle avait vingt ans, venait de faire ses débuts au théâtre, c'était son premier film et sa mère était là, si vivante, si joyeuse, elles partageaient une chambre à côté de celle d'Arletty qui les entendait glousser et parler fort jusque tard dans la nuit. Depuis, elle a tourné dans sept longs-métrages et joué dans neuf pièces, fait la une des hebdomadaires de spectacles, connu le triomphe et l'amour. Et la perte. Depuis, sa mère est morte et Maria est retournée dans les bras de Servais. Elle prétend qu'après ses *complications sentimentales* des mois précédents l'amour physique la répugne et qu'elle se réjouit de la période d'abstinence sexuelle qu'elle connaît au cours de ce nouveau séjour à Nice, même si elle a probablement une liaison pendant le tournage avec un des acteurs de la distribution. Elle fume et mange toujours autant, mais brûle tellement d'énergie quand elle joue qu'elle ne prend pas un gramme. S'est mise au whisky sec, d'abord pour se donner du courage, prétexte-t-elle, quand il lui faut embrasser un nombre incalculable de fois son partenaire, Roger Pigault, sur la bouche devant la caméra, son premier baiser de cinéma; ensuite pour retrouver cet état d'euphorie et d'amnésie si plaisant dans lequel la plonge l'alcool. Est sujette à des hallucinations. A de l'eczéma et des allergies qui la font enfler comme une baudruche et lui donnent de la fièvre. Sort le soir au casino et dans toutes les boîtes de la ville. Mais elle n'arrive plus à saisir l'instant ni à en jouir coûte que coûte.

Elle s'ennuie.

Avant de partir à Nice, elle a demandé à Enrique de quitter le 148 rue de Vaugirard, de débarrasser la chambre de service du 7e. Une décision douloureuse. *On ne maltraite pas un chien avec lequel on a vécu.* Un chien avec lequel elle est arrivée d'Espagne et a cohabité pendant douze ans, connu la misère, la guerre, l'exil, le deuil. Qui a été un des amants de sa mère et le sien, son premier. Présent à tous les moments importants, heureux et malheureux, de son existence hors d'Espagne. Témoin de sa mue. Le bel Enrique Tolentino était peut-être le dernier lien qui lui restait avec cette partie de sa vie. Mais dans le pigeonnier, son père, souffrant d'une nouvelle sclérose des voies respiratoires et alité avec des bouteilles d'oxygène à son chevet, supportait de plus en plus mal sa présence et Maria, qui a installé définitivement Angeles et Juan dans l'autre chambre au début de l'année, voulait récupérer la chambre de service pour elle. Comme à son habitude, elle n'a pas hésité à trancher dans le vif, à couper net avec le passé. *Cortar por lo sano*. Enrique, son *frère*, est sorti un matin de février 1948 de sa vie, emportant avec lui ses quelques bagages et le souvenir d'une Gloria qu'ils ont été seuls tous les deux à connaître. Maria ne lui a jamais donné de nouvelles. Elle ne va jamais non plus sur la tombe de sa mère.

C'est le mois de juin et elle marche sur le boulevard Saint-Germain à Paris en compagnie d'une amie. Il s'agit peut-être de Mireille Dorian, dite Pitou, qu'elle a connue à Victor-Duruy. Une jeune femme aux cheveux courts, sans maquillage, qui porte souvent un bermuda et une cravate et a pour l'actrice une admiration inconditionnelle, lui est entièrement dévouée, vient tenir compagnie à son père en son absence et sortir Quat'sous, accourt dès que Maria l'appelle, recueille ses confidences, subit ses humeurs et ne lui fait aucune ombre. Maria est vêtue d'une robe couleur rouille qui met en valeur ses jambes et sa taille fines, avec de hauts talons comme à son habitude, ses longs cheveux lissés et tirés en arrière, ses yeux, sa bouche habilement dessinés, elle est très en beauté, coquette, attentive à son apparence. *La Chartreuse de Parme* est sorti sur les écrans deux semaines plus tôt et c'est un succès, on la reconnaît dans la rue, on reconnaît la *face de brute* de la Sanseverina, les hommes posent sur elle des regards insistants, presque implorants. À ses côtés, Pitou est invisible, mais ça ne la dérange pas, elle n'existe que pour Maria, et Maria, ce soir-là, est de bonne composition. Les critiques sont unanimes, toutes lui accordent une mention particulière. *C'est Maria Casarès qui fait la création la plus remarquée. Cette Espagnole, les yeux allumés d'une sombre passion, vit les ravages de l'amour malheureux chez la femme épanouie/ Il faut réserver une place toute spéciale à la création de Maria Casarès, Sanseverina un peu jeune peut-être mais sachant être tour à tour enjouée, passionnée, désabusée, douce, méchante, toujours jolie et élégante/ Renée Faure pâlit face à Maria Casarès.*

Elles vont au théâtre. Maria n'a pas d'autre projet pour l'heure que de partir pendant l'été en vacances à Giverny avec son père, s'il est en état de voyager, et Pitou. Depuis la fin du tournage de *Bagarres*, qui sortira en novembre, elle a juste donné une lecture de textes de Pablo Neruda à la Sorbonne, en espagnol, en présence de Louis Aragon et de Paul Éluard. Elle n'a aucun contrat devant elle, ni de cinéma ni de théâtre, et quand elle y pense l'angoisse lui vrille le ventre. C'est elle désormais qui fait vivre sa maisonnée, les indemnités de son père s'étant réduites comme peau de chagrin, et leur train de vie, malgré le départ d'Enrique, ayant à l'inverse augmenté avec Juan et Angeles à leur service. Les cachets de Maria ne sont pas faramineux, elle court après en permanence, source d'incertitude et d'anxiété. Mais ce soir elle ne veut pas y penser. L'arrivée des beaux jours la ramène toujours à Camus, à ce merveilleux printemps 1944, *avec ses séquelles*, où ils se sont rencontrés et aimés avant que l'été les éloigne et que l'automne les sépare. Les années précédentes, ce souvenir la rendait triste à mourir, triste et furieuse, pleine de rage contre elle et le temps si court qui leur avait été imparti, mais quelque chose a changé, quelque chose s'est accompli en elle, et l'amour qu'ils ont vécu ne lui apparaît plus comme une frustration mais comme une force. Une chance. Qu'aujourd'hui elle saurait saisir si Albert surgissait soudain sur ce boulevard, marchant dans sa direction accompagné d'un ami. Si Albert Camus, ce 6 juin 1948, en début de soirée, recroisait Maria Casarès dans sa robe couleur rouille sur le trottoir du boulevard Saint-Germain alors qu'il se rend chez André Gide. Ils feraient encore quelques pas avant de se retourner, auraient une seconde de stupeur, d'hésitation, tremblants et émus de se reconnaître, de se revoir à cette date précise, quatre ans jour pour jour après leur première nuit, à cet endroit du monde brusquement enveloppé de silence et de lumière comme une scène sur laquelle ils viendraient seuls d'entrer. Ils avanceraient l'un vers l'autre. Et cette fois, ne se quitteraient jamais plus.

Elle, c'est *ma noire, ma vivante, ma chère grande, mon beau corps, mon cher cœur, mon endormie, mon beau sable, mon finistère, ma brûlante, ma vraie vie, ma petite victoire, ma passion, ma secrète, mon beau visage, la femme que j'aime, ma lumière noire, mon enfant chéri, ma tendre, ma captive, ma plage, ma désirable, ma femme*, et tant d'autres noms d'amour répétés et réinventés au long des lettres qu'Albert lui écrit chaque fois qu'ils sont séparés. Et ils le sont souvent. Depuis qu'ils se sont retrouvés deux ans plus tôt, ils ont passé plus de temps éloignés l'un de l'autre qu'ensemble, à noircir des feuilles, lui de sa petite écriture nerveuse, quasi illisible, elle de ses caractères ronds et déterminés ; un temps volé sur le sommeil et le travail, à chercher par tous les moyens à rester reliés coûte que coûte au quotidien, se téléphonant parfois en cachette, même si le téléphone est trop frustrant, trop risqué, s'inquiétant, désespérant quand soudain ils n'ont plus de nouvelles ; prêts à tout pour se voir malgré les impératifs de leurs métiers, leurs engagements, leurs voyages, la santé et la vie conjugale d'Albert; prêts à commettre des folies comme ces deux allers-retours que Maria a effectués entre Paris et Nice au mois de mai pour passer vingt-quatre heures avec lui pendant son jour de relâche hebdomadaire, alors qu'elle jouait *Les Justes* tous les soirs à Hébertot et aussi en matinée le week-end; plus de temps à se dire le désir et le manque qu'à marcher enlacés sous le soleil, peau contre peau. Et quand l'un cède au découragement, au doute, l'autre le ranime, lui insuffle la foi nécessaire pour repartir. Maria, surtout. C'est elle, des deux, qui résiste le mieux et réconforte Albert quand il broie du noir, le rassure, le conseille, prend des nouvelles de ses enfants, de sa mère, de sa femme.

Un amour dénué de tout orgueil. Un accord supérieur. Un idéal, un absolu auquel elle prétend de toute son âme. Qu'elle s'efforce chaque jour d'atteindre.

Même s'il y a les lettres où elle évoque sa *chasteté* forcée pendant ces longs mois, de juin à fin août 1949, où Albert est en Amérique du Sud pour une tournée de conférences, puis de janvier à juillet 1950, quand il est contraint de partir en Provence, à Cabris, à cause d'une rechute de sa tuberculose. Une chasteté, prétend-elle, qui ne lui réussit pas, la fait jouer moins bien sur scène, la rend plus irritable et la fait se consumer de désir dans son lit trop grand pour elle toute seule. *Je suis bouillante au-dedans, au-dehors. Tout brûle, âme, corps, dessus, dessous, cœur, chair, et voici l'alanguissement du soir qui tombe. As-tu compris ? Bien compris ? Bon. Passons.* Les lettres où elle évoque les vêtements qu'elle porte, sa coiffure, les compliments qu'on lui fait, les gens qu'elle croise et fréquente pendant ses journées bien remplies – comme par hasard beaucoup d'hommes, d'anciens soupirants, Gérard Philipe jamais loin, Marcel Herrand qui s'est soudain décidé à lui déclarer sa flamme, l'ami d'Albert, Paul Raffi, qui lui a fait un aveu identique, Jean Servais et même Jean Bleynie dont les affaires ont connu des jours meilleurs et qui réapparaît prétendument pour lui demander de l'argent; des hommes dont elle sait que le nom rendra fou de jalousie Camus, qui l'enfermerait volontiers dans une chambre, seule, à double tour, jusqu'à son retour. Les lettres où elle parle de maternité, imagine l'enfant, la petite fille, qu'elle pourrait avoir. Celles aussi où elle demande pardon à Albert après une crise violente où elle a été *méchante*. Où elle a montré une *affreuse image* d'elle-même. Parce qu'il y a des scènes, des jours où Maria s'effondre et se rebelle. Où le prix à payer pour leur amour lui semble trop lourd. Où Albert lui-même se demande s'il ne l'empêche pas de *trouver la vie qui* lui *conviendrait*.

C'est une lutte permanente.

Très vite, elle a présenté Camus à son père. Les deux hommes qu'elle aime et admire le plus au monde, les deux hommes de sa vie. Le 19 juin 1948, Camus déjeune 148 rue de Vaugirard avec Santiago Casares Quiroga et sa fille, rejoints au café par Gérard Philipe. Le 25 juin, tous trois déjeunent encore ensemble, puis assistent à une projection privée de *Bagarres* d'Henri Calef. Et, jusqu'au 23 juillet, Albert et elle ne se quittent plus. Ils vont dîner dans des restaurants à touristes de Montmartre, danser dans des boîtes russes et antillaises de Montparnasse où, anonymes dans la foule, ils sont un jeune couple d'amoureux parmi d'autres, un homme, une femme, plus amoureux que d'autres, reconnus seulement par l'orchestre de La Mère Catherine, place du Tertre, qui joue *La Vie en rose* spécialement pour eux dès qu'ils entrent dans l'établissement. C'est leur chanson, leur hymne. Deux étrangers, deux apatrides en séjour à Paris.

Maria dévore des plats entiers sous les yeux stupéfaits d'Albert, et elle rit de son rire en cascade, de son rire de petite fille ; elle n'a jamais autant ri, et malgré tout ce qu'elle avale et boit et fume, elle n'a plus mal au ventre. Ils se retrouvent soit, quand la voie est libre, 18 rue Séguier, où Camus a emménagé avec Francine après la naissance des jumeaux, soit 148 rue de Vaugirard dans la petite chambre du 7e, montant silencieusement et séparément l'escalier de service à quelques minutes d'intervalle, avec cette griserie de l'interdit, du clandestin, la peur excitante de se faire pincer, Maria précédant Albert dans son nid secret dont elle a *grillagé porte, fenêtre et lit de cretonne blanche et verte, à raies*, pour le rendre encore plus douillet. Ils montent jusqu'à la dernière marche, jusqu'au toit. Dans cet espace minuscule, perché en plein ciel, ils s'abandonnent à la joie de leurs corps réunis, et c'est si parfait, plus riche encore car nourri du chagrin de la perte et du miracle des retrouvailles, que Maria un jour, pour la première fois de sa vie, *désire la mort*. Là, mourir avec Albert, dans cette plénitude totale, cet accomplissement, afin que rien ni personne ne l'entache. Que rien ni personne ne les sépare. *Par bonheur, ce jour-là, j'y étais seule, mon aimé voyageait loin, et ma tentation n'a donc pas tiré à conséquence.*

Dès le mois de juin 1948, elle a rompu une nouvelle fois avec Servais, à la demande expresse d'Albert, et Jean, quand elle a prononcé le nom de Camus, n'a pas insisté. *Cette fois je ne peux rien faire pour te retenir*. Maria, en revanche, n'a donné aucune explication à son père, qui n'en a pas demandé. Elle n'ose pas lui avouer la nature du lien qui l'unit à Camus, même s'il l'a probablement devinée, c'est une telle évidence, dans le milieu intellectuel et artistique qu'ils fréquentent, les gens ont vite compris, ils sont faits l'un pour l'autre. Mais cette évidence, Maria a plus de mal à l'assumer devant Santiago Casares Quiroga. L'ancien ministre, pourtant, a eu une vie sentimentale peu conventionnelle, une fille avant son mariage, la demi-sœur de Maria, Esther, qu'il a reconnue et imposée ensuite à sa future épouse. Sans parler du couple très libre qu'il a formé avec Gloria. Cependant Maria n'arrive pas à admettre devant lui qu'elle est la maîtresse d'Albert Camus, écrivain célèbre et engagé pour lequel l'ancien président du Conseil a le plus grand respect, par ailleurs marié, de neuf ans son aîné, et père de deux enfants en bas âge.

Au mois d'août seulement, tandis qu'Albert est parti rejoindre sa famille à L'Isle-sur-la-Sorgue et qu'ils séjournent à l'hôtel Baudy à Giverny avec Pitou, elle a le courage de parler à son père. Elle se sent tellement soulagée qu'elle l'écrit aussitôt à Camus. *Il est clair qu'il trouve tout cela une folie mais qu'il sait parfaitement qu'il n'y a rien à faire contre [...] Je crois que dorénavant il feindra, avec toi, de tout ignorer.* C'est leur première longue séparation depuis leurs retrouvailles, *un mois et demi et huit cents kilomètres*, et comme il leur faut prendre toutes les précautions pour communiquer car Albert est avec Francine, comme Maria ne peut pas lui téléphoner et doit attendre son feu vert pour lui adresser ses lettres, elle tient un journal pour lui et survit à ce premier été entourée par les nombreux amis qui passent par là, parmi lesquels le fidèle Gérard, dont tour à tour elle réclame et critique la présence, désirant souvent être tranquille pour penser à Camus à son aise, et ne supportant pas la solitude.

Maria n'a plus peur désormais. Elle ne ressent plus ce *vide* et cette *dispersion* qui l'ont fait dériver quand elle croyait avoir perdu Albert pour toujours. Il est sa direction, sa terre ferme, immuable, elle a en leur amour une confiance inébranlable. Un amour qui l'oblige à se dépasser, à faire preuve d'une générosité, d'un sens du sacrifice et d'une tolérance dont elle ne s'est jamais crue capable jusque-là. Dans cette histoire elle veut le beau rôle, celui de l'amoureuse au grand cœur qui ne connaît pas la jalousie, l'envie, l'instinct de propriété, la convoitise, les sentiments mesquins. Une héroïne de théâtre.

Ce premier été, elle est parfaite.

Ils se retrouvent avec plus d'ardeur encore le 10 septembre 1948. Puis il y a eu les répétitions au Théâtre Marigny de *L'État de siège*, la pièce à laquelle Camus a travaillé pendant l'été, qu'il a située en France et pour laquelle il a réécrit le rôle de la fille du juge, appelée dorénavant Victoria. Pour ce rôle, comme le rapporte le magazine *Elle*, il a *choisi* Maria Casarès. Sur les photos parues dans la presse, on reconnaît hilares des membres de la compagnie Renaud-Barrault, Pierre Brasseur, Jean Desailly, Madeleine Renaud, Jean-Louis Barrault, l'auteur, Albert Camus, le compositeur Arthur Honegger et le peintre Balthus qui assure les décors, autour d'une jeune Maria Casarès au sourire timide, robe blanche, cheveux noirs lâchés, naturels. La première a lieu le 27 octobre 1948. L'épouse de Camus, Francine, élégante et triste, est là, son beau visage digne, et elle est présentée à la troupe. Maria supporte mal cette séance, même si elle s'efforce de faire bonne figure. La pièce n'est pas bien accueillie car les critiques s'attendaient à une adaptation de *La Peste*, ce que Camus réfute, et il y a vingt-trois représentations seulement jusqu'à la mi-février 1949, mais Maria garde cependant de cette période le souvenir du bonheur plein et de la grâce. Elle joue ensuite dans une pièce de Federico García Lorca et dans une autre de Julien Gracq. Albert est là. Il s'absente juste quelques jours à Noël pour se rendre en Algérie auprès de sa mère et de sa tante hospitalisée. Maria et lui s'aiment, bâtissent ensemble des projets de nouvelles pièces, de séjours en France, de voyages. C'est ce terrain, bien délimité, qui est le leur et elle l'accepte. Semble l'accepter. Ne rien vouloir d'autre. Même s'il lui arrive dans des interviews de se laisser glisser au-delà. *Si un jour je me décide à me marier pour devenir mère, je serai très heureuse. Quelle richesse extraordinaire détient en elle celle qui va mettre un enfant au monde...*

Puis Camus part le 21 juin 1949 dans le sud de la France et embarque neuf jours plus tard à Marseille pour Rio, avec escale à Dakar. Il ne doit pas rentrer avant le 31 août. Deux mois et demi. Le deuxième été, Maria le vit nettement moins bien. Elle aurait voulu l'accompagner, était prête à renoncer aux propositions de travail que régulièrement on lui fait parvenir, envoyer promener sa carrière. Peu lui importe le succès professionnel. Elle n'a pas d'autre ambition que d'être à Camus, avec Camus, ne veut pas rester si longtemps loin de lui, jamais.

Ils se quittent déchirés et blessés. Maria marche longuement dans Paris, anéantie, réconfortée par Pitou qui a promis à Albert de prendre soin d'elle. Ensuite, elle lui écrit pour lui demander pardon. *J'ai peur, tout à coup. Je peux te le dire à toi, mon ami (aussi), j'ai affreusement peur. J'essaie même de lutter, de me débattre comme si j'avais été prise dans un piège. Il y a quelque chose en moi qui se révolte, qui refuse, qui ne veut pas s'abandonner.* Au fil des lettres, elle se ressaisit. Se raisonne. Et tandis qu'Albert franchit l'Atlantique puis sillonne l'Amérique du Sud, Maria lui raconte sa vie au quotidien, son père, Angeles, Quat'sous, ses lectures, ses projets, ses sorties, ses humeurs, lui détaille les actualités avec humour, les rumeurs, les potins, ses conversations avec les uns et les autres, lui transmet le bonjour d'untel. Elle s'efforce d'être drôle, brillante, redevient pétillante, débordante d'énergie, d'espoir, redevient parfaite, et il se languit, l'imagine *bronzée, éclatante, frémissante de vie*.

Albert atterrit le 31 août 1949 et repart dès le 7 septembre dans le Vaucluse rejoindre sa femme et ses enfants, mais cette courte période est merveilleuse. Maria et lui passent trois jours à Ermenonville, où elle a tourné en mai et juin un film de Jean Castanier, *L'Homme qui revient de loin*, d'après un roman de Gaston Leroux, avec Annabella et Paul Bernard, son partenaire des *Dames du bois de Boulogne*. Le film sera vite oublié ; en revanche, toute sa vie elle gardera un souvenir ébloui du parc Jean-Jacques-Rousseau et de l'auberge non loin où elle loge avec Camus. C'est leur premier séjour, leur première escapade hors de Paris, juste tous les deux, l'un à l'autre exclusivement ; ils se jurent un amour éternel et Maria reprend des forces. *La seule chose qui me sépare de toi maintenant et qui me pousse à la folie par instants, c'est l'idée qu'un jour la mort vienne nous obliger à vivre l'un sans l'autre. Lorsque cette pensée s'empare de moi avec assez d'acuité pour me faire vivre, par exemple, un matin, avec l'idée que tu n'es plus là et que tu ne seras plus jamais là, toutes mes facultés se brouillent dans un chaos total [...] À part cela, plus rien ne compte que toi et moi, avec ou contre le monde entier,* lui écrit-elle le 15 septembre, alors que le tournage d'*Orphée* de Jean Cocteau, prévu pour deux mois, a débuté depuis huit jours.

Au côté de Jean Marais et de François Périer, Maria en robe noire Christian Bérard, collier de perles, cheveux tirés en arrière, voix grave, incarne la Princesse. La Mort. Ils tournent aux studios Francœur et aussi place des Vosges, aux Lilas et dans la vallée de Chevreuse, ces extérieurs que Maria déteste, qui sont pour elle une *véritable torture, environnée d'une foule déchaînée, enragée qui hurle, gesticule, rit, proteste ou critique à chacun de nos mouvements.* Rue de Vaugirard, elle passe ses nerfs sur Pitou. L'état de santé de son père se dégrade de jour en jour, il ne quitte plus son lit ni ses bouteilles d'oxygène. Maria court à la radio effectuer des enregistrements pour le Programme national, répond aux interviews, apparaît dans des reportages, le plus souvent chez elle ; les mêmes questions, les mêmes photos, toujours avec castagnettes et accordéon, cigarette à la bouche, Maria devant sa bibliothèque, sur son balcon ou en train de tirer les cartes assise sur son lit, la même histoire bien rodée, l'exil, le Conservatoire, *Deirdre des douleurs*, assortie de détails indispensables pour les lecteurs, *Maria Casarès fume des Gauloises, elle préfère les pommes frites au saumon fumé et les pyjamas rayés aux chemises de nuit. Elle adore les fleurs et son parfum préféré est « Tabac blond » de Caron.*

Malgré son immense respect pour Cocteau qui a créé le rôle de la Princesse pour elle, elle ne comprend rien au film et, décidément, le cinéma l'ennuie. Tout ce qu'elle attend, c'est de pouvoir retourner au plus vite au théâtre, de travailler la nouvelle pièce de Camus, *Les Justes*, à Hébertot, d'entrer dans son personnage, Dora, qu'il a écrit pour elle. Tout ce qu'elle aime, c'est répéter, plus encore que jouer. Répéter, chercher. Reprendre des dizaines de fois la même phrase pour trouver la note juste. S'emparer du rôle, devenir une autre.

Je ne peux pas jouer cette femme si je ne sais pas comment elle marche.

Répéter pour et avec Albert.

La création des *Justes* est une grande joie. Vite rattrapée par le malheur. Albert lutte contre la maladie qui gagne du terrain et menace de les séparer de nouveau. Albert, son père. La même maladie. Et elle Dora, noire et absolue, au côté de Serge Reggiani et de Michel Bouquet dans cette pièce en cinq actes qui met en scène un groupe de révolutionnaires russes projetant un attentat contre le gouverneur tyrannique de leur ville. Camus assiste à la générale le 14 décembre mais, trop faible, il ne vient pas à la première et fait porter des fleurs à Maria. La situation est inchangée. Officiellement ils ne sont pas en couple et ne peuvent se montrer en public ni partir ensemble. L'espace se rétrécit. Des instants volés, des miettes de temps qui les laissent insatisfaits, frustrés. Maria se réfugie dans le travail, s'entoure de Pitou, de Pierre Reynal, rencontré pendant *Les Frères Karamazov* et devenu depuis son meilleur ami. Elle est Dora. Rien d'autre ne compte.

Une femme seule. Vêtue de noir, cheveux tirés en arrière, visage dur, voix de plus en plus grave. Le 17 février 1950, Santiago Casares Quiroga meurt. La représentation des *Justes* est interrompue pendant trois jours. Maria reste debout, sans pleurer, devant le cadavre de son père. Elle a même un fou rire nerveux. Elle repousse les images de l'enfance, de Galice, pour s'atteler aux obligations qu'elle ne peut pas déléguer, répondre aux nombreuses lettres, coups de téléphone, visites de Républicains espagnols en exil. S'occupe de l'enterrement au cimetière du Montparnasse. Ses parents réunis dans le même caveau. Elle médite sur l'absurdité de la mort. *Ma mère. Mon père. Les deux seuls êtres au monde qui m'aient appartenu et qui m'aient entièrement possédée en dehors de toi.* Elle a l'habitude de dire qu'après son père, Camus est l'autre homme qui l'a *faite*. Même s'il n'est pas à ses côtés. Il est reparti le 3 janvier en convalescence à Cabris dans les Alpes-Maritimes et n'a pas pu venir. Ils s'écrivent tous les jours ou presque. *Maintenant il ne me reste que toi, toi seul. Me voilà tout entière à toi.* Elle signe ses lettres M ou V, ou MV. Elle replonge dans la vie, le travail, les enregistrements divers et variés pour le Programme national, *Le Château du carrefour* d'Odette Joyeux, *Le Marchand de Venise* de Shakespeare, *L'Échange* de Claudel. *Les Justes*. Vers dix-neuf heures, elle dîne d'un gros plat au restaurant en face du Théâtre Hébertot, Des Souris et des Hommes, et à vingt heures elle est dans sa loge. Après la représentation, elle mange de nouveau avec les autres acteurs, qu'elle invite parfois rue de Vaugirard pour un dernier verre, nourrissant la jalousie de Camus. *Il me semble que Serge [Reggiani] vient souvent te voir. Encore un qui s'emballe probablement*. Albert réussit à faire un saut trois jours à Paris en mai et elle descend deux vendredis à Nice. *Il y a six ans a commencé au plus profond de ma vie une vie nouvelle qui a fini par tout recouvrir; il y a six ans j'ai compris, dans une nuit légère et brillante, que je t'aimais – et cet amour, malgré tous les déchirements, s'est élevé à travers les années pour devenir la fierté et la justification de ma vie*, lui écrit-il le 6 juin 1950.

Malgré une réception mitigée, la pièce reste à l'affiche jusqu'au 30 juin. Maria a peu de projets concrets devant elle et sa peur du vide, son incertitude financière, sa solitude, lui causent une nouvelle fois des douleurs de ventre atroces. Mais Albert va revenir en juillet, et ils ont prévu de partir ensemble jusqu'à la fin août. Elle s'accroche à cette perspective, achète des *jupes corolles, une jupe paysanne, une jupe collante, des chemisiers ravissants*, espère que ça lui plaira. Cinq semaines en tête à tête avec Albert. Le plus beau cadeau que peut lui faire la vie, songe Maria.

Ils partent le 23 juillet de la capitale, passent deux jours au col de la Schlucht, puis à Gérardmer et enfin presque trois semaines au Grand-Valtin, à huit cents mètres d'altitude, dans une auberge laide et rustique, avec une cuvette minuscule en guise de lavabo et les toilettes sur le palier. La cuisinière les gave de plats tellement lourds qu'Albert, qui se contente généralement d'une omelette ou d'un poisson grillé, est un peu malade. Même Maria, malgré son appétit d'ogre, finit par ressentir au fil des repas un certain dégoût pour la nourriture, mais cela n'a aucune importance. Ils sont tous les deux jour et nuit, dormant, se réveillant, mangeant ensemble, roulant à travers les forêts et les prairies à bord de *Desdémone*, la voiture d'Albert, tel que Maria en a toujours rêvé, partir sur les routes, lui au volant, elle assise à ses côtés, un foulard noué autour de la tête, une image de vrai couple partageant tout, indigestions comprises. Ils font aussi de grandes balades à pied quand Albert ne travaille pas, car Albert travaille à un essai intitulé *L'Homme révolté*, reste des heures à écrire ou à lire sur la table en bois recouverte d'une toile cirée à carreaux, et Maria vient se pencher au-dessus de lui, respectueuse, n'osant pas le toucher, souriant timidement, ses longs cheveux tressés en une longue natte.

Pendant cinq semaines elle est sa *beauté*, son *endormie*, sa *réveillée*, sa *douceur*, sa *fureur*. Elle profite pleinement de chaque minute, de chaque instant, forte de tout ce temps qu'ils ont devant eux, pour eux, voulant oublier que celui-ci est compté ; se prenant à rêver d'un autre espace possible pour leur amour, comme elle l'a cru en juin 1948 quand Camus et elle se sont retrouvés, quand elle a pensé que Francine et lui ne faisaient plus l'amour, restaient ensemble simplement pour les enfants – sa stupeur de découvrir qu'il l'a prise dans le lit même où il prend aussi et encore sa femme, sa colère ; se surprenant à rêver qu'après cet été merveilleux Albert ne supportera plus de vivre dans le mensonge, de vivre en contradiction avec ce qu'il défend dans ses livres et se décidera enfin à assumer leur histoire au grand jour ; s'interdisant de penser au moment où tout prendra fin brutalement; voyant les jours passer et ce moment se rapprocher, s'immiscer dans leur bonheur d'abord subrepticement, une pensée un matin vite balayée, puis creusant peu à peu en profondeur, gagnant du terrain, rongeant les minutes et les instants, gâchant les derniers jours et les dernières nuits, ce moment où Albert et elle devront se quitter sur un quai de gare, en larmes, dans les bras l'un de l'autre, incapables de se décoller, et retourner chacun à leurs existences séparées.

Le 28 août 1950 en fin d'après-midi, Maria monte dans le train à Saint-Dié-des-Vosges, une petite gare perdue, *dénudée*, au pied des montagnes, où Camus l'a déposée quelques minutes plus tôt. Elle rentre à Paris tandis qu'Albert va retrouver Francine et les enfants près d'Annecy. Il n'y a pas eu d'effusions, d'adieux déchirants. Maria est restée muette et froide toute la journée. *Crispée, murée, nouée.* Et dans ce hall bruyant, affreux, elle a demandé à Albert de s'en aller sans attendre le départ de son train, l'a presque chassé. Les gares, c'est au-dessus de ses forces. *Je traîne avec moi une vieille nostalgie qui crie de plus en plus fort à mesure que les années coulent et qu'elle assiste, impuissante, à mon destin d'éternelle exilée. Prendre racine, trouver une patrie et m'y attacher jusqu'à la fin, voilà mon profond souhait; voilà aussi à quoi je dois renoncer sans cesse*. Les derniers jours, elle a craqué à plusieurs reprises, montré ses deux visages, celui souriant, que Camus aime, celui furieux, malheureux, qu'il redoute. *Guerre et paix*. C'est ainsi qu'il la surnomme. Parfois Maria a envie que tout s'arrête. Parfois, quand le conflit en elle fait rage et qu'elle n'est plus disposée à aucune concession, uniquement guidée par la loi du *tout ou rien*, rattrapée par l'ombre, elle serait prête à tout détruire. Elle devient menaçante, laide. Elle fait peur à Albert, se fait peur à elle-même. Puis ils se quittent déchirés, et la perte, l'absence réactivent aussitôt l'espoir. Maria se calme, se raisonne, retrouve ses facultés d'abnégation. Est de nouveau parfaite, presque parfaite.

Maintenant elle est seule dans un wagon de luxe, un *écrin*, que Camus lui a offert pour son retour, pour qu'elle voyage comme une pierre précieuse, ses bagages posés à côté d'elle, les images de ces semaines passées tournant en boucle dans sa tête. La nuit tombe. Elle imagine qu'Albert est déjà sur la route de Vesoul où il doit faire une étape pour dormir avant de rejoindre la Haute-Savoie. Maria ignore qu'il est resté sur le quai de la gare de Saint-Dié-des-Vosges d'où il a regardé partir son train sans qu'elle le voie. Elle appuie sa tête contre la vitre.

Angeles l'attendra à la gare à Paris et Quat'sous à l'appartement. Sa domestique et sa chienne.

Ce qu'il reste de sa maisonnée. Un peu après la mort de son père, Maria s'est fâchée avec Pitou, ne supportant plus sa passivité, sa possessivité. Elle l'a accablée de reproches, giflée et mise à la porte. Ces derniers mois, une autre femme a fait irruption dans sa vie, lui offrant son amitié inconditionnelle. *Petite, carrée, mal attifée, mal coiffée*. Une certaine Marcelle Perrigault, ancienne institutrice rêvant d'être comédienne, qui a écrit à Maria avant de venir l'attendre un soir à la sortie du théâtre, un bouquet de fleurs à la main. *Vous avez dû beaucoup souffrir pour jouer comme ça.* Deux ans de plus qu'elle, orpheline, ayant perdu son emploi à cause des cours d'art dramatique qu'elle prenait, sans un sou et sans sexualité, vouant à Maria un véritable culte. Elle l'a ramenée rue de Vaugirard, a proposé de l'héberger un temps, en attendant mieux, dans la chambre de service du 7e. Depuis la mort de son père, Maria est redescendue au 6e, a réintégré la grande chambre qui a été celle de sa mère puis celle de son père, où elle a effectué quelques travaux d'aménagement. C'est là désormais, dans cet appartement où l'on parle deux langues et qui accueille tous les réfugiés de la terre, qu'elle reçoit Albert, avec la complicité d'Angeles et de Juan.

Marcelle Perrigault est toujours dans la chambre de bonne. Elle s'est lancée dans une carrière d'actrice et quand elle donne son adresse en précisant « chez Maria Casarès », on lui prête soudain beaucoup plus d'attention. Elle a changé de nom et choisi celui de Dominique Marcas, Dominique en hommage à Arletty dans *Les Visiteurs du soir*, Marcas pour Maria Casarès. Mais Marcelle/Dominique est absente de Paris ces jours-ci. Quant à Pierre Reynal, il est à Sainte-Foy, en Vendée, dans la maison de campagne de sa famille, où il a invité Maria à venir. Elle hésite. L'amitié désintéressée de Pierre, qui aime les hommes, lui est douce. Une famille, une maison, la proximité de l'océan. Mais le distributeur d'*Orphée* insiste pour qu'elle soit présente au côté de Jean Cocteau lors de la projection à la Mostra de Venise du film, qui sortira en France en octobre. *Maria Casarès est splendide. Sa beauté, son jeu frémissant, font d'elle une Princesse de la Mort inoubliable/Son visage si émouvant dans sa hautaine sérénité/Le fascinant visage de Maria Casarès.* Elle n'a devant elle qu'une nouvelle proposition de film d'Henri Calef qui ne l'enchante guère, un drame psychologique dont elle partagera l'affiche avec Simone Signoret et qui sera tourné en octobre, mais elle a besoin de remplir ses journées et de gagner sa vie. Maria Casarès ignore que ce film, *Ombre et lumière*, pour lequel elle coupera ses cheveux en un carré court avec une petite frange à la Louise Brooks, sera sa dernière apparition au cinéma avant *Le Testament d'Orphée* neuf ans plus tard. Et que, pendant ces neuf années, elle ne cessera de jouer au théâtre, à raison de trois à quatre pièces par an en moyenne, s'imposant comme une immense actrice, acclamée partout par des salles debout.

Elle est seule dans un train, et elle pleure.

Elle, c'est la Reine.

Elle s'avance lentement, dans sa robe de nuit longue et noire, comme si elle portait sur elle une part des ténèbres dont elle surgit. Elle s'avance, visage blanc, bras nus, le droit tendu telle la Princesse d'*Orphée* devant le miroir qui sépare les vivants des morts, et le vent agite ses cheveux lâchés, le vent soulève les voiles de sa robe, on dirait qu'elle marche au milieu de flammes sombres. Qu'elle flotte. Elle traverse le plateau devant le médecin et la dame de compagnie qui l'observent avec effroi et qu'elle ne voit pas, tourne sur elle-même, poupée cassée. Sa voix d'un autre âge. Ses yeux révulsés, aveugles. Elle tremble et murmure, tremble et crie, accélère, ralentit, se frotte les bras, les mains, tandis que la musique de Maurice Jarre, qui s'était tue depuis quelques minutes, retentit de nouveau dans la Cour d'honneur du Palais des papes d'Avignon. Une femme seule, perdue dans sa nuit. *Courage et confiance, Lady Meurtre, Lady Remords, j'embrasse ta petite main impure et je t'aime*. Elle n'a pas de prénom.

C'est la première, très attendue, de *Macbeth* de Shakespeare le 20 juillet 1954, mise en scène Jean Vilar, texte français Jean Curtis, costumes Mario Prassinos, avec Jean Vilar dans le rôle de Macbeth et Maria Casarès dans celui de Lady Macbeth. Maria est arrivée six jours plus tôt à Avignon, en plein 14 juillet, et la ville en liesse envahie par une foule joyeuse, le Palais des papes illuminé, les odeurs, les couleurs, l'ont éblouie, comme elle l'a écrit aussitôt à Camus. Elle n'était encore jamais venue dans ce coin de Provence. Ces dernières années, elle a partagé ses étés entre le Finistère et la Gironde, s'efforçant dans ses lettres de transmettre à Albert sa passion, son besoin de l'océan où elle se ressource et se rapatrie, même si maintenant elle comprend le lien qu'il entretient avec le sud, elle le sent, l'éprouve dans son corps. Maria aurait préféré découvrir ces émotions et *ce pays qui appelle l'indolence* à ses côtés, entendre sa voix éraillée, voir son visage fier lui raconter cette terre qu'il aime et lui rappelle celle d'Algérie, mais Camus est pour plusieurs semaines avec ses enfants à Sorel-Moussel en Eure-et-Loir chez Michel Gallimard, tandis qu'elle est à Avignon jusqu'à fin juillet. Ils ne marcheront pas ensemble dans les rues de la cité médiévale. Albert ne la verra pas sur la scène du Palais des papes, dans ce lieu fascinant, intimidant, dans ce rôle dont elle prétend avoir hérité par mégarde et qu'elle prépare avec intensité depuis qu'elle a rejoint la troupe du Théâtre national populaire le 24 mars. *Lady Macbeth, ce n'est pas un rôle. C'est une suite de « flashes » ou de fusées, si vous préférez. Lady Macbeth, ce n'est pas un être humain. C'est une force de la nature.* Plus tard elle dira aussi *bien sûr, je n'ai pas travaillé ce rôle, puisqu'il n'existe pas. J'ai joué et je joue Lady Macbeth de la façon dont elle vit : en oubliant de penser.*

Mais en réalité Maria a énormément travaillé pour créer, construire, sentir son personnage, le voir se lever, apparaître par des mots, des sons, en avoir une vision d'abord intermittente puis de plus en plus nette et continue. Elle a passé des heures à lire et relire son texte, parfois tout bas, parfois en articulant exagérément cette langue qu'elle a tant bataillé à conquérir, rattrapée à certains moments par le doute, l'impuissance. Des heures aussi à répéter avec ses partenaires dans le *blockhaus* de Chaillot, maquillée et en costume, la lourde robe, la cagoule médiévale plaquée sur ses cheveux nattés, la couronne, sous la direction et au côté de Jean Vilar dont la méthode de travail la laisse plus que perplexe.

Maria est logée à l'Hôtel d'Angleterre, à dix minutes à pied de la gare et du Palais des papes. Sa chambre est modeste, ses draps sont râpeux, et elle a du mal à dormir à cause du bruit, mais elle est heureuse d'être là. Le lendemain de son arrivée, elle évoque dans la lettre qu'elle adresse à Camus le bleu profond du ciel et les figuiers qu'elle aperçoit, le mistral et le chant des cigales. Des images, elle le sait, qui sont familières et douces à l'écrivain lui donneront encore plus de regrets de ne pas être avec elle, sur son territoire, accentueront le manque, feront rejaillir l'absurdité de la situation, tous ces moments importants de leurs existences qu'ils ne vivent pas ensemble, ne peuvent pas vivre ensemble puisque Camus est marié pour toujours à une autre. C'est d'ailleurs lui qui semble en souffrir le plus désormais et subir les périodes de séparation avec désolation. *Quand donc ma veste et ta jupe seront accrochés au même clou ?* Lui qui ne s'habitue pas, se plaint et se morfond. *Après dix ans, nous peinons encore dans des vies, des métiers parallèles.* Le 6 juin, ils ont en effet fêté leurs « dix ans », prenant en compte dans ce calcul les quatre années où ils ne se sont pas parlé, se sont évités et fuis, pendant lesquelles Camus est devenu père et Maria a accepté deux demandes en mariage avant de changer d'avis, comme si avait toujours existé entre eux un lien ininterrompu, indestructible, depuis cette nuit où ils sont devenus amants dans le petit studio de Gide après une soirée abondamment arrosée chez Dullin. C'était la Guerre, le Débarquement, *Le Malentendu*. Un homme et une femme nus dans un lit, émus, intimidés et maladroits. Ils se connaissent beaucoup mieux aujourd'hui, se devinent, s'anticipent, même s'il reste en chacun une part insaisissable pour l'autre, qui se dérobe et s'enfuit, c'est pourquoi leurs retrouvailles ont presque toujours un goût de répétition réussie et d'émerveillement renouvelé.

Maria est heureuse d'être là, les premiers jours en tout cas, excitée par le défi à relever, pas encore dévorée par le trac qui la fait claquer des dents avant d'entrer en scène et que les années n'ont pas atténué. C'est son premier Festival, sa première Cour d'honneur. Sa première Lady. C'est, dans ce rôle, qu'elle va faire ses débuts au TNP, et l'enjeu pour elle est colossal. Après avoir créé *La Seconde* de Colette au Théâtre de la Madeleine et *Le Diable et le bon Dieu* de Jean-Paul Sartre au Théâtre Antoine en 1951, elle est entrée l'année suivante comme pensionnaire à la Comédie-Française où elle a dû remplacer Renée Faure souffrante au pied levé et a triomphé pour sa première apparition dans *Six personnages en quête d'auteur* de Pirandello, obtenant huit rappels et les éloges unanimes de la presse.

À la même époque, le président de la Seconde République espagnole en exil, Diego Martínez Barrio, lui a décerné les insignes de commandeur de l'Ordre de la Libération lors d'une cérémonie pendant laquelle, elle qui s'efforce toujours de dissimuler en public ses sentiments intimes, de ne pas pleurer, de ne rien montrer, de rester debout, brave petit soldat de Galice, a laissé échapper quelques larmes, même si elle les a vite essuyées avec sa main. Camus était dans la salle et c'est grâce à lui si, ces dernières années, Maria a participé à plusieurs manifestations en faveur de ses compatriotes républicains, n'aimant ni les groupes ni les discours, préférant rester discrète, clandestine et égoïste dans son éternel exil. Mais Camus, lui, revient à l'Espagne dès qu'il le peut, apportant son soutien aux vaincus de la guerre, dénonçant sans relâche le régime de Franco et tous ceux qui le reconnaissent officiellement. En novembre 1952, il a démissionné de l'Unesco pour protester contre l'entrée de l'Espagne franquiste dans cette organisation.

Ce jour où on l'a décorée car elle symbolise la voix, la fierté de l'Espagne républicaine, car chaque fois que dans les interviews on lui demande si elle compte jouer un jour dans son pays natal, elle répète *pas tant que Franco sera vivant*, Maria n'a pas pleuré à cause de la Retirada, de sa terre perdue et déchirée, mais parce qu'elle pensait à ses parents. Et parce que maintenant qu'elle a gagné la reconnaissance, la célébrité, le combat contre les phonèmes impossibles de sa langue d'adoption ; maintenant qu'elle a pris sa revanche sur ceux qui l'ont traitée de *barbare* ; que le Théâtre français l'a accueillie et consacrée – lui proposant même de devenir sociétaire à condition qu'elle renonce à sa nationalité espagnole, ce qu'elle a refusé ; malgré les gens qui l'entourent en permanence, vivent avec elle, l'accompagnent en voyage, en vacances, cette famille de substitution qu'elle s'est forgée, Angeles et Juan, Dominique Marcas, Pierre Reynal, et une nouvelle venue, Catherine Pinson, dite Cricou, qui a rejoint le clan de ses adorateurs après l'avoir vue dans *Orphée* ; malgré les différentes troupes qu'elle a intégrées, les amitiés, les possibles étreintes d'un soir, les publics qui l'ovationnent et crient son prénom, elle se sent souvent seule au monde.

Elle a eu trente ans le 21 novembre 1952. Elle est alors Elvire dans *Dom Juan* de Molière à la Comédie-Française, et le soir de la centième, séance de gala, Maria joue devant un parterre de gens célèbres parmi lesquels le président de la République Vincent Auriol, ainsi que Charlie Chaplin et sa femme Oona, à qui elle est présentée, en compagnie des autres comédiens, à la fin de la pièce. À ce moment, son besoin d'indépendance et de liberté se heurte déjà aux règles strictes de la prestigieuse institution et Maria, malgré le succès qu'elle remporte à chacune de ses apparitions, *CASARÈS EST-ELLE SARAH BERNHARDT ?*, soupçonne, à juste titre, qu'elle n'y fera pas de vieux os. Elle démissionne en effet moins d'un an plus tard, en octobre 1953, après un conflit ouvert avec la direction qui l'autorise peu à jouer ailleurs et lui interdit les tournées à l'étranger. *Tout le monde va se jeter sur toi. Hélas, que me restera-t-il ?* lui écrit alors Camus quand son départ de la Comédie-Française est annoncé officiellement et commenté par l'ensemble de la presse. En l'espace de deux ans, elle joue Shakespeare, Péguy, Mérimée, Calderón de la Barca, Larivey, Racine, Green, Hofmannsthal, à Paris, Lyon, Angers, effectue une longue tournée dans le nord de la France et en Belgique, et séjourne en Algérie avec Béatrix Dussane pour présenter des scènes de *Phèdre*. Camus et elle ont prévu de se retrouver à Alger à cette occasion, mais Francine fait une tentative de suicide à Oran et Albert est contraint de rester auprès de son épouse. Maria arpente sans lui les rues de sa ville natale et visite seule les ruines de Tipasa. *J'y ai passé des heures qui m'aideront certainement à bien porter les jours noirs.*

Dans la bataille qu'elle livre depuis des années pour atteindre la pureté et le désintéressement total qu'exige l'amour d'Albert, pour concilier sans cesse vie et amour, passion et compassion, Maria a grandi. Elle ne cède plus à ces crises dont ils sont souvent ressortis anéantis et désolés. Il y a bien des moments encore où il lui arrive de s'abandonner à un rêve de voyage à deux, de manoir à la campagne ou de petit moulin en Bretagne avec Camus en meunier, des lettres où elle regrette qu'ils ne soient pas plus souvent ensemble, mais aussitôt elle se reprend. *Toi et moi savons que nous ne pouvons pas aller plus loin dans l'intensité de notre amour*. Elle a décidé de ne plus lutter en vain contre une situation qui ne changera jamais et d'accepter pleinement l'existence qu'elle a choisi d'adopter. Elle a décidé que cette existence lui convient. *On aurait pu être mariés, avoir des enfants, être séparés déjà*. La frustration entretient le désir, ainsi ils ne se lasseront jamais l'un de l'autre, ne connaîtront pas l'ennui. Elle a retrouvé le *goût exaspéré de tout*, se fait *un devoir de vivre bien et tout à fait*. Elle ne se mariera pas, n'aura pas d'enfants.

Ses cheveux ont repoussé, après l'année où elle les a portés courts, au carré, d'abord pour ressembler à Colette, ensuite pour marquer une rupture avec celle qu'elle avait été jusque-là. Chez elle, rue de Vaugirard, elle cultive des rosiers, des jacinthes et de la vigne vierge sur son long balcon, sort parfois dans des cabarets avec Angeles et Juan, laissant ce dernier organiser régulièrement des soirées flamenco dans l'appartement, avec toute une faune qu'il ramasse lors de ses pérégrinations nocturnes. Dominique Marcas descend d'un étage et vient en fin de matinée lui préparer son petit déjeuner. Maria revoit aussi quelquefois Pitou, désormais ouvertement lesbienne, part en vacances l'été à Lacanau, à Sainte-Foy-en-Gironde ou à Camaret-sur-Mer avec Pierre Reynal. Il y a aussi Cricou, qui lui écrit des lettres enflammées et vient parfois les rejoindre. Maria fait le plein d'océan, d'iode et de sel, de pluie, de soleil, d'orage, fille des éclairs, sainte Marie, joue avec les enfants des voisins, prépare ses rôles, lit des dizaines de livres, fume du matin au soir, écrit à Camus presque au quotidien. *Notre amour n'a d'autre appui que lui-même, sans but, sans espoir, gratuit.* À la fin du mois d'août, il passe la chercher et ils rentrent ensemble à Paris à bord de *Desdémone*, s'offrant quelques jours en tête à tête avant d'être séparés. Maria dit qu'elle est heureuse. Que ces quelques jours justifient toute une existence. *Je suis reconnaissante à la vie de me permettre de rêver.*

Ensemble, ils réussissent à monter un nouveau projet lors du Festival d'Angers en juin 1953 : trois représentations de *La Dévotion à la croix* de Pedro Calderón de la Barca, traduction Albert Camus, et deux des *Esprits* de Pierre de Larivey, suivi d'un hommage à Joachin du Bellay, adaptation Albert Camus, ces deux pièces mises en scène par Marcel Herrand. Mais c'est Albert qui dirige les répétitions en suivant ses indications car Marcel, atteint d'un cancer, meurt quelques jours avant la première. Maria a souvent déclaré qu'elle était née en novembre 1942 au Théâtre des Mathurins et devait beaucoup à Marcel Herrand, mais si sa disparition l'affecte, elle ne laisse rien paraître, ni sur scène ni en dehors. Sur les photos du Festival d'Angers, on la voit radieuse pendant les répétitions, cheveux au vent, souriant à pleine bouche à Camus, ou au côté de Serge Reggiani, belle et brune dans sa robe bleu clair devant le château du Roi René. Elle triomphe, là encore. Dans ces deux pièces et aussi, pour un soir, dans *Mithridate* de Racine. Trois pièces, six représentations, une lecture, entre le 14 et le 20 juin. Elle est partout.

C'est elle désormais qui est souvent absente. Elle qui impose le rythme, et Albert a un peu de mal à s'y faire. En octobre 1953, alors qu'elle est en tournée, il lui arrive d'appeler chez elle juste pour entendre la voix d'Angeles, et même d'aller rendre à cette dernière une petite visite afin de pouvoir déambuler avec nostalgie dans l'appartement où Maria n'est pas. *Je m'étonne chaque jour de ne pas te téléphoner, de ne pas prendre la rue de Vaugirard, je me demande ce que je fais à Paris.* Dans ses lettres, Albert se lamente beaucoup. Il dit *Je ne peux plus vivre ainsi.* Ou *Mes amours seront toujours contrariées.* Et aussi *J'ai envie de toi, de ta vie, de tes rires.* Alors Maria lui donne sa vie, ses rires. Elle lui raconte ses journées avec humour et détachement, coquetterie, parfois avec colère, elle est entière, aborde chaque incident comme une aventure, un cadeau de l'existence. Lui rappelle le désir qu'elle a de lui, *la seule chose qui* la *torture*. Elle ne lui dit pas quand elle tombe en larmes d'épuisement dans les bras d'Angeles. Ni dans d'autres bras. Même si Camus pense qu'elle ne lui a jamais échappé, ne s'est jamais abandonnée, *même fugitivement*, ailleurs. Il parle de son *héroïsme intérieur*. Elle évoque leur *accord parfait*.

Pendant l'hiver 1953, elle dévore *Les Possédés* de Dostoïevski que Camus depuis longtemps souhaite adapter au théâtre. Elle rêve de jouer le rôle de Maria Timoféievna Lébiadkine, de continuer de monter des projets avec lui, d'être sa voix sur scène, de dire sa révolte avec toute la passion dont elle est capable, avec son sang espagnol, sa démesure. Et, en mars 1954, après avoir refusé plusieurs fois la proposition de Vilar, à la fois parce qu'elle ne croyait pas au théâtre en dehors de la scène, au « théâtre populaire », et craignait le rythme dur des répétitions, des représentations, des tournées, elle accepte finalement d'intégrer la troupe du TNP. *À travers la France, Jean Vilar, Gérard Philipe et leurs camarades (que viennent de rejoindre Maria Casarès et Sylvia Montfort) poursuivront pendant le printemps et l'été leur périple*. Elle fait ses débuts dans le rôle de Lady Macbeth en juillet lors du huitième Festival d'Avignon.

Une femme seule, perdue dans sa nuit.

Depuis qu'elle est arrivée à Avignon, Maria dort en moyenne quatre heures par nuit à cause du bruit mais surtout du stress à l'approche de la première, de la certitude que rien n'est prêt ni maîtrisé, du sentiment qu'ils courent droit à la catastrophe. Les reportages publiés dans la presse la montrent en robe d'été, espadrilles compensées, répétant tout sourire avec Monique Chaumette et Jean Vilar entre les murs du Palais des papes, mais la réalité est autre : la révolte gronde dans les rangs face au metteur en scène, et accessoirement rôle principal, hiératique, totalement désorganisé. Les jours filent dans un désordre grandissant, avec menaces de sédition. Ils ont droit en tout et pour tout à une seule vraie répétition quarante-huit heures avant la représentation, au cours de laquelle Maurice Jarre est grièvement blessé par un élément du décor et doit être transporté à l'hôpital. Un machiniste tombe sur la musicienne qui joue de l'ondioline et lui démet deux vertèbres. Vilar s'évanouit d'épuisement. Il faut le ramener chez lui pour qu'il se repose et tente de mémoriser son texte. Plus personne ne le revoit. C'est Gérard Philipe, présent pour *Le Prince de Hombourg* de Heinrich von Kleist, mis en scène également par Vilar, qui donne la réplique à Maria pendant la suite du filage. Il assiste à la répétition avec Agnès Varda qui prend des photos. Il monte sur le plateau et lit, texte à la main, le rôle du roi en tenue de ville, pantalon blanc, imper beige léger, face à Maria dans sa robe noire de reine.

Macbeth, et sa malédiction. Ne pas prononcer son nom dans l'enceinte d'un théâtre, dire *La pièce écossaise. The Scottish play.* Superstition, légende, magie noire. Et à Avignon il y a aussi le lieu, dont on dit qu'il est capable du pire comme du meilleur, désastre et miracle. Le lieu, capable de se venger quand on n'est pas à sa hauteur. Maria a l'impression d'être chez les fous. Avec le roi d'entre eux, Jean Vilar, qui la touche par sa gentillesse et précisément par sa folie, et dont elle continue de prendre la défense envers et contre tout. *Une fois de plus, je suis du parti du perdant, du pécheur.* Son enthousiasme des premiers jours est largement retombé. Elle est fatiguée, mélancolique, tour à tour triste ou nerveuse. Tout le monde pourtant est aux petits soins avec elle, Gérard la *poupoule*, ainsi qu'elle n'a pas résisté à l'écrire à Camus, et Cricou, qui ne la lâche pas d'une semelle, l'emmène visiter une abbaye de la région, ainsi que les Baux-de-Provence, pendant ses jours de relâche. Il fait chaud, lourd. Ce climat qu'elle déteste. Si loin de l'océan. Plusieurs fois, Maria se surprend à se demander ce qu'elle fait là alors qu'elle voudrait juste être chez elle, donnerait n'importe pour quoi pour être rue de Vaugirard, dans son pigeonnier, entourée des siens, avec son joli balcon et ses livres et sa chienne et les petits plats d'Angeles et la photo d'Albert sur sa table de chevet.

Mardi 20 juillet, quand Vilar réapparaît, éprouvé et livide comme un spectre, il ne connaît pas son texte. Il y aura des souffleurs autour du plateau pendant toute la représentation. Maria garde son calme. Elle s'est préparée au sacrifice et ne recule pas au moment d'entrer en scène, joue en tenant Vilar à bout de bras, le porte contre elle, cache son visage souffrant au public dans les plis de sa robe aussi souvent qu'elle le peut pour lui offrir quelques secondes de répit. Lui murmure à l'oreille ses répliques. Mais les spectateurs, qui entendent à moitié ce que marmonne le roi, ne peuvent pas être dupes. C'est un désastre. La musique stridente de Maurice Jarre ne parvient pas à couvrir le silence de tombeau de la Cour d'honneur. À chaque seconde, ils tombent un peu plus dans l'abîme et Maria jurerait qu'elle a vu sur la scène au cours de cette représentation ce qui par convention ne doit pas y être, ce qui en principe est caché derrière, en coulisses, la machinerie, les trucages, la sueur, les erreurs, les ratés. Tant de fantômes.

Persuadée qu'ils se feront lyncher à la fin du spectacle, elle aborde le dernier acte avec fatalisme, réussissant à oublier les conditions dans lesquelles tout cela a lieu, le décor, le plateau, à n'être plus que cette *tigresse* vaincue par le sommeil, et même à *vivre avec joie la scène du somnambulisme*. Elle joue comme un animal, un fauve, son corps secoué de mouvements, une danseuse désarticulée, sa voix embrasant l'air et le noir, domptant le vent, et traverse la scène dans sa robe de nuit. *Au lit, au lit: des coups dans la porte: venez, venez, venez, venez, donnez-moi votre main: ce qui est fait ne peut être défait: au lit, au lit, au lit, au lit.* Lady Macbeth plonge définitivement dans le noir, et Maria Casarès sort du plateau sous un tonnerre d'applaudissements.

Sublime. Inoubliable. La presse est dithyrambique. *Triomphe pour Casarès.* Sa voix, *comme une torche embrasée*. Sa Lady M entre dans l'Histoire. *Une légende vivante.* Dans sa petite chambre à l'Hôtel d'Angleterre, Maria se demande comment il est possible que les spectateurs n'aient pas vu ce qu'elle a vu, entendu ce qu'elle a entendu, au point qu'elle finit par croire qu'elle a peut-être rêvé ou été victime d'hallucinations, que cette représentation *n'a existé que dans l'imagination de ceux qui l'ont menée jusqu'au bout.* Une expérience impossible à partager, même avec Albert qui, de son lieu de vacances, se réjouit de son succès qu'il lit dans les journaux. C'est sans doute cela, le fameux miracle d'Avignon, et il ne lui plaît pas beaucoup. Maria ne croit qu'au travail, à la sueur. Maintenant elle se sent plus fragile, redoute encore plus la suite. Et, tandis que les gens l'acclament dans la rue comme la reine du Festival, que les critiques n'hésitent pas à la qualifier de *monstre sacré*, elle compte les jours et les représentations qui lui restent avant de quitter les lieux.

Albert lui suggère de venir ensuite, au mois d'août, séjourner en Eure-et-Loir avec Angeles ou Cricou, dans un coin reposant et joli qu'il pourrait leur dénicher, non loin de la maison de Michel Gallimard où il est toujours avec ses enfants. Il pourrait ainsi lui rendre visite en cachette l'après-midi, trouverait bien le moyen de s'échapper et des prétextes pour confier ses petits pendant quelques heures volées, menties. Ils s'aimeraient dans l'urgence et l'interdit, comme au premier jour. Puis il serait obligé de filer et serait malheureux, rongé par le scrupule, mais Maria le consolerait, invoquerait les jumeaux dont elle prend sans cesse des nouvelles, dont elle s'inquiète quand ils tombent malades et qu'elle n'a jamais rencontrés. Il lui promettrait de revenir au plus vite et elle l'attendrait, parfois toute une journée

– pour rien car il ne viendrait pas et ne pourrait pas la prévenir, retenu par une obligation ou un aléa joyeux de sa vie privée officielle dans laquelle elle n'a pas de place. Pas grave. C'est l'existence qu'elle a choisie, c'est cet amour-là qu'elle veut et travaille comme un rôle. Un don total de soi. Le meilleur d'elle-même. Chacune des lettres d'Albert la conforte dans cette décision, *justifie* sa *vie de femme*. Pour le reste, elle a le théâtre, tous ces personnages qu'elle est tour à tour, ces lieux où elle se meut, ces émotions qu'elle porte. Et les chambres d'hôtel se succèdent les unes après les autres, splendides ou minables, impersonnelles, où elle se dépouille de tout, robes, couronnes, armes sanglantes, pour redevenir elle, M. V. MV., et écrire à Camus. Elle ne demande rien d'autre. Il n'y a aucune raison pour que ça s'arrête. TOUT VA BIEN ENVIE DE RENTRER TENDRESSES MARIA.

Elle, c'est *María !... María !... María !... María !...*

Scandé par trois mille voix ce prénom, qui n'est plus le sien, ne l'a jamais été, dans lequel elle refuse de se reconnaître quand il est prononcé ainsi à l'espagnol avec la diphtongue, ce *í* interminable, lui arrache des larmes impossibles à réprimer, des larmes infinies, de gratitude et de tristesse. Elle est debout sur la scène du Teatro Colón de Buenos Aires, à la fin de la représentation de *Marie Tudor* de Victor Hugo. Elle a beau porter encore ses habits de reine, sa robe en velours épais aux épaules bouffantes, son col large et pointu, son chignon fixé par un bijou, n'avoir pas tout à fait arrêté d'être Marie l'Anglaise, la Catholique, qui a provoqué et n'a pas pu empêcher l'exécution de l'homme qu'elle aimait, avec sa petite frange, ses boucles d'oreilles, ses lèvres et ses yeux lourdement maquillés, sa culpabilité monstre, ses remords éternels, car il lui faut toujours un temps et un espace pour quitter ses personnages, ce sas que lui octroie la loge où elle s'engouffre sitôt le rideau baissé définitivement mais à laquelle ce soir du 9 octobre 1957 il ne lui est pas permis d'accéder, le rideau n'arrêtant pas de se relever et elle, maintenant seule sur scène, minuscule silhouette devant cette salle mythique debout, déchaînée, trois mille spectateurs qui agitent leurs mouchoirs blancs et crient ce prénom en détachant bien les syllabes ; elle a beau se trouver à ce moment, à cet endroit précis du théâtre, entre la pièce et la loge, où elle n'a plus d'identité, elle sait que *María !...*, c'est elle.

Maria Casarès a quitté Paris le 1er septembre 1957 avec une trentaine d'acteurs du TNP pour une tournée de deux mois en Amérique du Sud. Elle est partie le cœur serré après quatre semaines de vacances avec Camus dans le Tarn, à Cordes, du 17 juillet au 13 août, un séjour merveilleux, *un de ceux qui m'ont été les plus doux*, qui a succédé à un mois de juin éprouvant où sa création de *Phèdre*, au Festival de Strasbourg, a déchaîné les critiques. *Maria Casarès se livre à un exercice frénétique pour massacrer le vers racinien/Tout est gâché par la diction, le registre de la voix, un mépris insolent du texte/On pourrait faire passer la Phèdre de Maria Casarès sous un encéphalogramme/Ses tremblements, ses larmes, ses transes, finissent par procurer au spectateur une certaine fatigue.* Et celle-ci, qui lui a fait sans doute le plus mal, qui a cherché à lui faire le plus mal : *Tout son sang espagnol lui fait tirer Phèdre vers une sorte de Carmen tragique...* Une étrangère. Qu'on renvoie systématiquement à ses frontières. À qui, dès qu'on en a l'occasion, on rappelle ses origines avec ce que cela comporte de mépris et d'amalgame, d'injuste. Qu'a-t-elle à voir avec la petite Gitane andalouse inventée par Mérimée, elle qui est née à mille kilomètres de Séville, garde de son enfance en Espagne le souvenir des tragédies de Shakespeare et du théâtre de Lope de Vega que lui lisait son père, de la pluie s'abattant sur le jardin de sa maison, et n'a jamais entendu de castagnettes ni vu de corrida de sa vie ? Espagnole donc *sauvage*, *barbare*. Pas assez française pour jouer Phèdre, malgré toutes les œuvres du répertoire qu'elle défend avec passion depuis maintenant quinze ans, sur le territoire national et à l'étranger. Inquiet, Camus lui envoie un télégramme d'Angers où il met en scène une pièce de Lope de Vega. PRIÈRE CÂBLE DÉTAILS SUIS ANXIEUX TENDRESSES ALBERT. Mais si elle est blessée, une fois de plus elle ne montre rien. IMPOSSIBLE TÉLÉPHONER ÇA VA NE T'INQUIÈTE PAS BON TRAVAIL TENDRESSES MARIA. Elle sait qu'à travers elle c'est aussi Vilar qu'on attaque, l'homme, sa mise en scène. Et les publics ne se ressemblent pas, les publics changent selon les salles et selon les saisons. Les journalistes.

LES VULGAIRES PARLENT L'UNIQUE RESTE ICI TOUT EST DÉMENTIEL PENSE À TOI DE TOUT MON CŒUR ALBERT. Il a raison. En novembre 1955, sa Marie Tudor à Chaillot a été copieusement huée puis elle a triomphé avec ce rôle partout dans le monde, jusqu'en URSS.

Elle a cependant le cœur serré sur la passerelle à Orly où une photographie de presse la montre juste avant l'embarquement, dans un petit imperméable blanc, ses gants à la main, saluant d'un geste crispé au côté de Jean Vilar. Sur la route de Rio, ils survolent l'Espagne et passent quelques heures à Madrid où il fait une *chaleur tropicale* et un *soleil noir*, une escale qu'elle chasse aussitôt de son esprit comme si elle n'avait jamais existé. Maria dans l'avion verse des larmes en secret, refoulant son chagrin, ses souvenirs, ses morts, tout ce qu'elle a tenté de fuir et d'effacer depuis 1936. Elle boit du whisky pour dormir. Il faut qu'elle se blinde, se barricade contre la nostalgie. Le pire est à venir. Il y a de très nombreux Espagnols exilés dans ces pays où elle va jouer, surtout en Argentine. Là-bas vit une forte communauté galicienne qui l'attend de pied ferme, anonymes et anciens collaborateurs de son père, voisins, amis, lointaines connaissances, visages vieillis, qui surgiront du néant, de la foule et l'embrasseront et lui pinceront les joues et lui caresseront les cheveux et lui parleront en galicien. Cette langue qu'elle a abandonnée comme un enfant en bas âge et qui des années plus tard s'apprête à réapparaître pour lui demander des comptes. La *morriña*, le mal du pays, du nord. Maria va pleurer, elle le sait, beaucoup. Elle résistera du mieux qu'elle peut, mais à un moment les digues finiront par casser.

Et pendant qu'elle se prendra cette déferlante d'émotions en pleine figure, Albert sera loin, à des milliers de kilomètres et des jours de courrier de décalage. Elle lui écrira, bien sûr, trouvera le moyen et l'énergie de lui écrire entre les répétitions, les représentations, les cocktails d'ambassades et autres obligations, les visites touristiques, les interviews, prendra sur son temps de repos, sur son sommeil. Elle connaît le pouvoir de ses lettres qu'Albert ne cesse de réclamer, dont il dit avoir besoin pour vivre, *pour moi tu as toujours été le génie de la vie, sa gloire, son courage, sa patience et son éclat*. Ces lettres dans lesquelles Maria est fraîche et séduisante, coquette, sans âge, spirituelle, généreuse, complice, amie fidèle, avec cette flamme et cet héroïsme qui la lient à lui pour toujours. *Que devient F[rancine] ? Comment vont les enfants ?* Albert est à Paris où il règle les répétitions et la reprise du *Requiem pour une nonne*, ce texte de Faulkner qu'il a adapté et mis en scène en septembre 1956 au Théâtre des Mathurins et qui remporte un succès fou, quasi ininterrompu. Un projet auquel Maria n'a pas participé. Elle était alors à Moscou avec le TNP où elle alternait *Marie Tudor* et *Le Triomphe de l'amour*, et dans le drame en vers de Hugo comme dans la comédie en prose de Marivaux elle s'imposait devant des centaines de gens qui l'ovationnaient pendant de longues minutes, tendaient les mains vers elle par-dessus la rampe en criant *Maria Kazapec, vive la France !* Elle a envoyé un télégramme de pensées, de mille vœux à Camus le soir de la première.

Cela faisait des mois qu'il lui parlait dans ses lettres de *la jeune Sellers/fort sympathique/très simple et gentille*, qui allait jouer Temple Drake, malgré ses *frêles épaules*, et il a fallu quelque temps à Maria pour écrire son prénom, *si j'avais joué le rôle de Catherine*, accepter la présence, la place de cette autre femme désormais dans la vie d'Albert. Une actrice comme elle, brune et blessée, brûlant d'une flamme sombre, passionnée, avec un visage, un physique, une voix, très singuliers. Comme elle, mais plus jeune. *J'ai compris pourquoi je ne suis pas jalouse ; c'est que j'ai une foi entière dans la qualité d'amour que tu as su m'inspirer.* Une actrice gracile et fragile qui est devenue la nouvelle coqueluche des critiques et des intellectuels, tandis que le corps de Maria se marque, ses traits se durcissent. Son timbre, de plus en plus opaque, donne l'impression qu'elle est beaucoup plus âgée qu'elle ne l'est en réalité. À part un film pour la télévision en 1954, *L'Affaire Lafarge*, de Stellio Lorenzi, elle ne tourne plus. Il n'y a plus de rôles pour elle au cinéma. Au théâtre, les conventions sont différentes et Maria règne encore sans partage sur la tragédie. Même si elle compte désormais plus de détracteurs. Même si elle a parfaitement conscience qu'approche le jour où elle devra changer d'emploi. Elle l'accepte. Elle se prétend *indifférente au temps qui passe*. Et au moment où Catherine Sellers apparaît comme la nouvelle jeune première de la scène française, Maria Casarès se travestit pour Marivaux en petit marquis poudré du XVIIIe siècle, avec pantalon bleu, bottes, redingote jaune, chemise à jabot et perruque grise. Pendant cette longue tournée à l'automne 1956 qui l'emmène en URSS, puis en Finlande, en Suède, au Danemark et en Norvège, il lui arrive souvent après la représentation de sangloter dans sa loge comme une enfant. Elle ne sait pas pourquoi. Elle écrit à Albert sur ses genoux dans le car ou l'avion qui la transporte d'une ville à une autre. Elle fume toujours autant.

Un an plus tôt, sa sœur Esther a enfin réussi à quitter l'Espagne avec sa fille, et elles ont débarqué à Paris en juillet 1955. Maria était alors à Avignon, c'était son deuxième Festival et après Lady Macbeth elle devait cette fois être Marie

Tudor. Les deux femmes sont aussitôt descendues dans la cité des Papes. Maria n'avait pas revu sa sœur depuis dix-neuf ans. Elle a tellement pleuré et fumé et passé de nuits à parler avec Esther que le soir de la première elle était quasiment aphone. Elle s'en est sortie encore une fois, sans comprendre comment. Le fameux miracle de la Cour d'honneur. Et aussi parce que Alain Cuny qui était son partenaire a joué toute la pièce un ton en dessous.

Puis Esther et María Esther ont émigré au Mexique, et Maria s'est retrouvée seule de nouveau. Il y avait peu de chance désormais que la vie les réunisse. La vie, de toute façon, les avait déjà éloignées, leur avait pris leur maison, leur terre, avait disloqué leur famille, et en dehors des souvenirs de leur enfance et de l'amour fou qu'elles portent l'une et l'autre à leur père, les deux sœurs n'ont plus rien à partager. Sa patrie, Maria se l'est recréée, 148 rue de Vaugirard.

Au 7e, en plus de la chambre de service qu'occupe Dominique Marcas, elle loue aussi à présent un studio où elle a installé *tío* Sergio. Albert tient parfaitement sa place parmi ce petit monde et participe à la vie de la maisonnée, veillant à l'opération du pied d'Angeles, trouvant un emploi de lecteur à *tío* Sergio chez Gallimard, offrant à Noël des cadeaux à chacun, présent aussi souvent qu'il le peut. En août 1955, Maria et lui ont réalisé leur rêve de Venise, d'Italie. Elle venait de perdre sa sœur pour la deuxième fois, il lui a fallu quelques jours pour redéfinir les contours du présent et jouir de celui-ci sans entrave, faire triompher la vie. Camus a le pouvoir de concentrer ce présent sur sa personne et de restituer Maria tout entière à elle-même. Avec Camus, elle se reconstitue vite. *Je n'avais jamais rêvé que ma vie puisse être remplie par un être comme elle l'est par toi.* Il la prend en photo cet été-là sous le soleil. Elle porte un short et un corsage blanc, sans manches. Elle sourit, les cheveux attachés en une queue-de-cheval, à côté de la nouvelle voiture d'Albert, qu'il a surnommée, cette fois, *Pénélope*.

L'été suivant, il la rejoint à Avignon où elle reprend *Macbeth*, *les volets clos, si belle et si noire sur le grand lit blanc*, et ils partent ensuite à Camaret-sur-Mer. Albert ne vit plus avec Francine; il a d'abord habité quelques semaines chez Jules Roy, boulevard de Montmorency, puis emménagé dans un studio au 4 rue de Chanaleilles, dans le même immeuble que René Char. Il ne vit plus avec Francine même si elle reste son épouse, la mère de ses enfants. C'est cette année-là qu'il a rencontré la *jeune Sellers*, et qu'est-ce que ça peut bien faire finalement ? Qu'est-ce que ça change ? *Jalouse ? Mais de quoi pourrais-tu l'être ?* Elle ne l'est pas. Ne l'est plus.

En septembre 1957, Maria joue pendant quinze jours au Brésil puis une semaine en Uruguay. Partout, on lui réserve un accueil digne d'un chef d'État. Les gens lui offrent des cadeaux, veulent la toucher, lui parler, et quand, à six heures du matin, elle descend du bateau qui l'a amenée du port de Santos à Montevideo, elle découvre un groupe de dix hommes portant une corbeille d'œillets blancs et rouges à son intention, ainsi qu'une petite fille en habit traditionnel galicien. À partir de là, elle commence à flancher. *Jamais le cœur de ma terre ne m'a tant manqué*. Jamais elle ne s'est sentie aussi exilée. Les Galiciens ne la quittent plus, organisant des célébrations et des vins d'honneur autour d'elle qui réunissent des centaines d'invités. Parmi eux, il y a toujours quelqu'un pour lui parler de son père. Elle retrouve des personnes qui l'ont connue enfant et l'appellent *chatita*, petit nez épaté. Vitoliña. Rentre tous les soirs à son hôtel, hagarde et vidée. Mais le 28 septembre, à Buenos Aires, c'est indescriptible. *Cent mille Galiciens guettaient mon arrivée. Je pleure tout le temps*. Maria triomphe au Teatro Cervantes et, le 9 octobre 1957, au Colón. Ses camarades de troupe ont eu la délicatesse de se retirer pour la laisser seule recevoir les hommages du public. Elle est toute menue sur cette scène, petite fille dans un déguisement de reine trop grand pour elle.

Elle quitte l'Argentine le 11 octobre. Elle est ensuite au Chili pendant quatre jours, puis au Pérou. Flottante, vaseuse. À Buenos Aires, elle est allée au-delà des émotions dont elle se croyait capable, découvrant une part insoupçonnée d'elle-même. Elle a hâte de rentrer. De retrouver les siens et Albert qui lui manque tant quand elle se trouve dans des villes lointaines, des pays étrangers à la France, qu'elle aurait aimé découvrir avec lui. Sans cesse elle l'imagine à ses côtés, fantasme à l'idée qu'ils reviendront un jour, plus tard, ensemble. Rêver, encore. En Argentine, elle a souvent dû prononcer des discours, des mots de remerciements, un exercice dans lequel elle n'est pas à l'aise, rongée par le trac et la timidité, sa peur de la foule, et qu'elle a toujours pratiqué en pensant à son père. Mais à Buenos Aires, c'est à Camus qu'elle a pensé chaque fois qu'elle a pris la parole en public. *J'ai su alors que je faisais des efforts et que je pouvais encore me dépasser pour quelqu'un.*

Albert l'attend à Paris. Il attend son retour avec fièvre et impatience. Et cette idée est douce. Il est allé rue de Vaugirard voir où en étaient les travaux d'aménagement que Maria a entrepris le jour où elle a pris conscience que son appartement, où elle vit depuis plus de quinze ans, était dans un état épouvantable. Il lui reproche de ne pas beaucoup lui écrire pendant cette tournée, ou des lettres *superficielles* à son goût, *rétrécies*, parce qu'Albert espère toujours d'elle qu'elle soit au-dessus de la masse, et que dans ce tumulte et cette exaltation qu'elle vit de l'autre côté de l'Atlantique, il a peut-être peur de la perdre. Il s'est remis à son projet des *Possédés*, d'après Dostoïevski, dans lequel il y a ce personnage, Maria Timoféievna, que Maria aimerait tant jouer, mais qu'il écrit désormais pour *la jeune Sellers*. Ce ne sont pas les femmes qui font peur à Maria, ni l'écriture qu'elle n'a jamais considérée comme une rivale, encourageant Camus à travailler à son œuvre en priorité, dans ce même sentiment d'urgence qu'ils éprouvent l'un et l'autre face à la vie. C'est autre chose, de plus imprécis, de plus grand.

Elle vient d'arriver à Lima le 16 octobre quand elle apprend que le prix Nobel de littérature est décerné à Albert Camus. QUELLE FÊTE JEUNE TRIOMPHATEUR QUELLE FÊTE, lui envoie-t-elle par télégramme. Mais elle est tétanisée. La voilà donc cette chose imprécise et plus grande qu'eux, susceptible de leur faire du mal, capable de les séparer. Le tourbillon. La gloire internationale. La vie publique. La panique. Une accélération. Pourtant, quand Maria rentre à Paris le 28 octobre, un bouquet de fleurs l'attend chez elle, avec une carte de visite d'Albert. *Salut et adoration à mon soleil longtemps disparu à l'Occident – mais qui se lève à nouveau pour inonder mon cœur*. Il est venu les apporter la veille et a dessiné sur la carte deux soleils. Bientôt il sonnera à la porte et la prendra dans ses bras. Et tout sera comme avant.

Réception officielle à Stockholm en décembre 1957, Camus, complet formel à cravate blanche, Francine à ses côtés, robe bustier longue et étole blanches, *la liberté est pour moi le droit de ne pas mentir*, obligations liées au Nobel, reprise de *Phèdre* à Chaillot et nouvelle tournée pour Maria avec le TNP au printemps 1958 au Maroc ; guerre d'Algérie, difficultés d'écrire de Camus, attaques dont il est victime, présence régulière dans leur sillage d'*un bel objet nouvellement trouvé, nouvellement aimé*. Rien cependant ne semble modifier leur équilibre. Ils se soutiennent, se réconfortent, s'encouragent. S'écrivent moins, mais chaque fois se redisent leur amour, leur fidélité, savent qu'ils peuvent compter l'un sur l'autre. Et se réservent du temps coûte que coûte, des parenthèses de beauté et de douceur. Ainsi, du 10 juin au 6 juillet 1958, en compagnie des Gallimard et des Prassinos, ils font une croisière en Grèce de Rhodes à Chypre. *Île merveilleuse au centre d'un tournoiement de lumière et d'espace. Y revenir*. Camus note tout dans ses carnets, sauf la présence de Maria, qui repart début juillet dans le sud de la France pour *Macbeth*, avant de rejoindre Avignon pour *Le Triomphe de l'amour* et *Marie Tudor*, en alternance. Au cours de ce mois, elle n'envoie pas une seule lettre à Albert, et il s'alarme de son absence, de son silence. Quand il réussit à la joindre au téléphone, il la perçoit *lointaine* et *fatiguée*. *Je ne te sens pas*. Et s'affole. La possibilité de perdre Maria, qu'elle le quitte, le rend malade. *Depuis quinze ans tu n'as pas partagé ma vie, tu es ma vie. [...] Je t'aime, mieux et plus qu'avant.* En août, quand ils se retrouvent à Paris, cette impression, qu'il a eue aussi à certains moments en Grèce, se confirme. *Sentiment à nouveau de l'éloignement de M. L'être le plus brûlant que j'aie connu est en fait le plus chaste.* Mais soudain elle *ressuscite*, redevient la Maria vivante et aimante. Et tout recommence.

À l'automne 1958, le TNP repart en tournée pendant deux mois, d'abord au Canada, puis à New York où Maria, en plus des pièces de Marivaux et de Hugo, joue *Le Cid* de Corneille au côté de Gérard Philipe. Albert est en Provence. Grâce à l'argent du Nobel, il a acheté une maison à Lourmarin où il espère vite s'installer pour pouvoir enfin s'atteler à ce roman qu'il souhaite écrire. Il s'inquiète pour la santé de Maria, à cause du rythme harassant qui est le sien, et ne peut s'empêcher d'envoyer de petites piques jalouses à l'encontre de Philipe. Maria s'en amuse. Malgré la fatigue, elle se sent en forme, avec un moral excellent. Cette tournée américaine lui redonne des forces, et une certaine distance. Quand elle rentre le 12 novembre, elle a retrouvé sa vitalité et son appétit.

Le 29 janvier 1959 a lieu au Théâtre Antoine la générale des *Possédés*, adaptation d'Albert Camus, avec entre autres Michel Bouquet, Pierre Vaneck et Catherine Sellers. Maria est à Chaillot ce soir-là et envoie une carte de vœux à Camus. La pièce dure quatre heures, il y a trente-trois acteurs, sept décors, vingt-quatre tableaux. Elle obtient un immense succès critique et public, est jouée pendant des mois, durant lesquels Camus passe de plus en plus de temps à Lourmarin. Maria, entre deux tournées en province, en Belgique et en Suisse, prépare *Le Songe d'une nuit d'été* avec Vilar et le danseur et chorégraphe Jean Babilée, sur une musique de Maurice Jarre. Elle n'a encore jamais dansé sur scène, c'est un rêve d'enfant, et elle a attendu d'avoir trente-six ans pour le réaliser. Ses tremblements, son énergie vibrante, peuvent enfin se déployer dans des mouvements plus amples, occuper le temps et l'espace du plateau, elle a trouvé le moyen de s'accomplir davantage encore, d'aller plus loin dans le dépassement et le don de soi. *La nouvelle Casarès*. Et même si la pièce, créée à Avignon en juillet, reçoit un accueil en demi-teinte, même si les critiques boudent la mise en scène de Vilar,

Maria sait que la danse ne la quittera plus. C'est peut-être par la danse que passeront désormais les plus grandes émotions de son corps. Elle sait aussi qu'elle va quitter le TNP. Une nouvelle fois dans sa vie elle a choisi de trancher dans le vif, de couper brutalement avec ses habitudes, son confort, et repartir de zéro, dans une nouvelle aventure. 1960 sera une année de rupture. Sa seule constante, c'est Albert. *Je crois que tu ne peux plus disparaître de ma vie; c'est cela; quoi qu'il arrive tu es à jamais dans toute ma vie.*

Après Avignon, tandis que Camus passe le mois d'août 1959 à Lourmarin, Maria fuit le *bordel* de la rue de Vaugirard pour se réfugier dans une maison de campagne, à Reculet, en Seine-et-Oise. On ne sait pas avec qui elle est, *Ici, il y a du monde; mais ils sont tous d'une discrétion absolue*, mais elle semble parfaitement heureuse, détendue, soulagée, même si l'océan lui manque. Dans une lettre qu'elle a adressée en mars à Camus, elle a mentionné pour la première fois, rapidement, en passant, un de ses camarades de troupe du TNP, André Schlesser, qu'elle surnomme Dadé, *ce garçon qui est malade et qui est parti en montagne.* Mais elle le connaît depuis longtemps, l'a croisé une première fois en 1946 au Théâtre de l'Atelier, puis l'a retrouvé à la Comédie-Française, qu'il a quittée comme elle pour le TNP. Ils ont joué ensemble dans plusieurs pièces. C'est peut-être chez lui qu'elle est à Reculet, peut-être avec lui. Dadé, comédien, chanteur, cabarettiste d'origine gitane, fantasque et insaisissable, la fait rire et la surprend sans cesse. Cependant, dès qu'elle est de retour à Paris début septembre, elle retrouve Albert. Et jusqu'à la mi-novembre ils ne se quittent plus.

Camus repart à Lourmarin pour travailler à son roman, *Le Premier Homme*. Et aussi pour retrouver Mi, Mette Ivers, une jeune Danoise qu'il a rencontrée en 1957 et installée non loin de chez lui. Mais ça, Maria ne le sait peut-être pas. Elle reprend *Le Songe d'une nuit d'été* à Chaillot alors qu'elle est en plein tournage du *Testament d'Orphée*. Levée à 7 heures, aux studios Francœur de 8 heures à 17 heures, dîner chez elle à 18 heures puis représentation jusqu'à 23 h 30, retour minuit, souper, toilettes, bain, au lit à 1 h 30. Elle ne pouvait pas dire non à Cocteau qu'elle aime et admire, qui lui a demandé, dix ans après *Orphée*, d'être une nouvelle fois la Princesse au côté de François Périer et de lui-même, qui incarne cette fois le poète. Mais le texte est long, particulièrement difficile, tourné souvent en gros plan sur son visage creusé, sévère. Robe noire, cheveux tirés en arrière, fume-cigarette, voix caverneuse. Comme elle a vieilli. *Je suis allé te revoir dans* Les Enfants du paradis *et j'étais bien ému*. Le cinéma est impitoyable. Le tournage l'épuise. C'est alors que paraît la chronique de François Mauriac après la diffusion de l'adaptation de *Macbeth* de Claude Barma pour la télévision, un film réalisé dans les studios des Buttes-Chaumont, avec Alain Cuny et elle. *La télévision aggrave ce qui me plaît le moins chez Mme Maria Casarès et qui est son accent corrigé. Elle parle faux, elle joue faux, du moins à mon oreille, car la plupart des critiques l'ont beaucoup louée ; ils ont fait leurs délices de ce qui était pour moi une bouillie de mots.*

Fatigue. Lassitude. Cette inquiétude imprécise aussi, revenue. Sur le plateau du *Testament d'Orphée*, Maria apprend la mort de Gérard Philipe. Encore une fois elle tait, dissimule ses sentiments véritables, les dénie. Des années plus tard, dans son autobiographie, elle affirmera même *Depuis dix années nous n'avions fait que nous croiser. De loin ni de près il ne fréquentait plus ma vie*, mais c'est faux. Seul Camus entend sa détresse au téléphone et propose d'accourir aussitôt près d'elle. *Oh non ! mon chéri ; reste, reste là où tu es et travaille*. Elle sait qu'ils se retrouveront début janvier, après les fêtes, mais auparavant Albert doit avancer dans son livre et elle, tenir ses engagements, terminer ce tournage, aller jusqu'au bout des représentations du *Songe*, enregistrer plusieurs textes pour la radio, Saint-John Perse, Pouchkine, Quincey, et *Macbeth* encore et toujours. En finir avec la mort et rentrer au bercail, son pigeonnier, son long balcon filant, près des Enfants malades. *La mort même peut-elle nous séparer ?* écrit-elle à Albert. Ils se retrouveront en janvier. *Son accent corrigé. Elle parle faux, elle joue faux.* Brune. Tragédienne. Noire. Elle arrêtera le TNP, fera d'autres choix. Est-elle une bonne actrice ? Une grande actrice ? *Une bouillie de mots.* Elle portera le ciré noir et le petit chapeau qu'elle vient de s'acheter de la part d'Albert, cadeaux de Noël anticipés. *Non, la mort ne sépare pas, elle mêle un peu plus au vent de la terre les corps qui s'étaient déjà réunis jusqu'à l'âme*, lui répond-il. Camus et elle, c'est tout ce qui compte. Janvier arrivera vite. *L'amour peut attendre, de toutes manières, il est toujours insatiable.*

Elle, c'est une femme brune qui marche sous les chênes.

Elle cherche son nom. C'est ce qu'elle a écrit dans un cahier. Depuis *l'affreuse nouvelle*, elle est dans le noir, n'arrive pas à *cortar por lo sano* comme elle l'a toujours fait. Elle monte inlassablement les escaliers du 148 rue de Vaugirard, tremble de la tête aux pieds dans son petit ciré noir. Dans la rue déjà elle avait froid, elle monte, elle tremble et, arrivée sur son palier, entend Micheline dire la phrase. *Albert est mort.* Même si Micheline Rozan, qui était l'agente de Camus et le sien, est persuadée d'avoir dit *Albert s'est tué*, car elle se rappelle qu'elle s'en est voulu aussitôt, à cause de l'ambiguïté de ces mots qui auraient pu laisser croire qu'Albert s'était suicidé, ce qui est absurde. De toute façon, c'est l'autre phrase qu'elle a entendue et entend encore, jour et nuit. La phrase. Qui a fait basculer sa vie de l'autre côté du miroir d'*Orphée*. Dans le noir, avec les innombrables télégrammes reçus, TOUT CELA EST TROP ATROCE STOP TOUTE MA TENDRESSE

JEAN COCTEAU, compagne officieuse, épouse de l'ombre pour tant de gens qui lui ont témoigné leur affection, leur compassion. *Il ne se passe pas de jours que ma pensée n'aille vers vous. Vous êtes la seule que je voudrais aider, si je le pouvais*, lui a écrit Suzanne Agnely, la secrétaire de Camus, le 3 février 1960. Elle n'a pas vu le corps mort d'Albert, a fui les journaux, la télévision, qui ont montré des images de l'accident, de la Facel Vega de Michel Gallimard broyée, fracassée contre un arbre. Il lui semble parfois les avoir entraperçues quand même quelque part ou imaginées ou devinées, malgré elle.

Elle n'a pas eu le droit de voir le corps d'Albert, ni d'assister à son enterrement à Lourmarin. Elle a supplié plusieurs personnes de lui rapporter de la terre de là-bas. Elle est allée avec Micheline à l'hôpital de Sens embrasser Michel Gallimard, qui est mort à son tour quelques jours plus tard, et elle a refusé toutes les interviews sans exception. Gérard Philipe avait occupé la presse jusque-là. La vie de l'acteur avait été décortiquée en long et en large. *Il refuse l'amour de la grande vedette et dit « oui » à une inconnue ! L'acteur fut longtemps très épris de Maria Casarès. La mère de Gérard souhaitait vivement qu'il l'épouse, mais il lui préféra Anne Fourcade*. Elle est celle qu'on n'épouse pas. La fiancée des morts, la Reine noire, Lady Nada. Elle a rangé les lettres d'Albert dans un coffre, celles qu'il lui a envoyées et celles qu'elle lui a écrites, que René Char est monté chercher dans le studio de la rue Chanaleilles dès qu'il a appris *l'horrible nouvelle* et lui a apportées rue de Vaugirard, *pour que ça ne tombe pas entre d'autres mains*. Toute leur correspondance pendant seize ans. La dernière lettre, arrivée le lendemain de sa mort. Elle ne peut pas la lire. Ni relire les autres. Elle ne peut pas regarder la photo d'Albert sur sa table de chevet sans pleurer. Elle remonte sur scène tout de suite, avec son trac et sa douleur.

Elle tient ses engagements, n'annule aucun enregistrement, aucune représentation, reprend *Le Songe d'une nuit d'été* à Chaillot et joue ensuite Gertrude, reine du Danemark, dans *Hamlet*, à Carcassonne. Elle quitte le TNP à la date prévue et signe, dès le lendemain, un contrat pour une pièce qui est son plus gros succès désormais et l'a rendue riche. Une pièce créée le 4 octobre 1960 au Théâtre de l'Athénée, avec Pierre Brasseur, gros et barbu, en costume trois-pièces nœud papillon, et elle, coupe courte années folles, robes de Madame Grès moulées sur son corps, mince et légère, une plume. *Cher menteur* est l'adaptation d'une œuvre anglaise, *Dear Liar, A Comedy of Letters*, de Jerome Kilty qui en signe également la mise en scène, traduite en français par Jean Cocteau, avec des éléments scéniques de Madeleine Castaing. Une comédie basée sur la correspondance amoureuse soutenue pendant des années entre *un grand écrivain* et *une actrice célèbre au regard de feu*, voyageant dans le monde entier. Une pièce d'une durée de deux heures trente, à deux personnages, facile à monter, déjà un triomphe aux États-Unis, en Suède, en Allemagne, en Italie, et bientôt à l'affiche en Angleterre. Le projet a atterri un jour sur le bureau de Micheline Rozan. Très précisément le 4 janvier 1960. Le jour de la phrase. Du *malheur*. Et même s'il s'agissait d'un autre grand écrivain, George Bernard Shaw, d'une autre actrice célèbre, Miss Campbell, Micheline n'a pas osé lui en parler sur le moment. Une comédie, en plus.

Elle ne sait plus comment c'est revenu finalement. Qui lui a raconté l'histoire, lui a mis le texte entre les mains. A osé. Mais elle est devenue Miss Campbell, vieillissant de quarante ans dans trois robes sculpturales, sacrifiant ses cheveux longs pour un style 1920, piquante, féroce, drôle, malmenant son égoïste de grand écrivain, n'hésitant pas à lui dire ses quatre vérités, et les gens rient, une pièce *jubilatoire*, *il ne faut manquer cela sous aucun prétexte. Une joute entre deux monstres sacrés*. Un texte aussi sur la solitude d'une actrice qui commence à vieillir et que le métier va peu à peu délaisser avant de l'oublier complètement, mais les gens continuent de rire.

Ils ont joué pendant des mois à guichets fermés et partent en tournée en septembre en province et au Québec. Elle s'entend bien avec Brasseur, qu'elle connaît depuis *Les Enfants du paradis* et avec qui elle a travaillé plusieurs fois. Ils sont à l'opposé l'un de l'autre, se neutralisent. Ils ont prévu de reprendre la pièce à Paris à leur retour, et plus tard en Amérique du Sud. Un miracle survenu après *l'horrible nouvelle*. Lié directement à celle-ci. L'argent du chagrin et de la résilience. *Vous devez investir*, lui ont dit Angeles, Juan et Dadé. *Pour que ça reste, que ça ne s'en aille pas comme ça*. Comme si tout ne s'en allait pas comme ça. Comme s'il restait quelque chose, au bout du compte.

Une silhouette brune, sous les arbres verts du petit chemin. 1,60 m. Trente-huit ans, trente-neuf à la fin de l'année. Traquant avec anxiété sur son visage les signes du vieillissement. Fumant trois paquets de cigarettes par jour. Elle cherche son nom, celui d'une reine dont elle a oublié la couleur. Miss Nada. Avec Dadé, ils sont partis hier de Paris, ont dormi à mi-chemin et repris la route en fin de matinée. Ils auraient pu faire le trajet d'une traite, il y a quatre cent trente kilomètres environ, mais il aurait fallu se lever tôt et elle n'aime pas ça. Elle n'aime pas non plus la voiture, la vitesse, et quand ils ont enfin quitté la départementale pour s'engager sur le petit chemin bordé d'arbres qui mène au domaine de La Vergne, elle a demandé à descendre pour finir à pied. Elle est au bord de l'explosion. Pendant le voyage, elle n'a pas arrêté de râler contre tout le monde pour lui avoir fourré cette idée stupide dans la tête, et contre elle-même, pour avoir cédé dans un moment de faiblesse. Dadé en a pris pour son grade depuis vingt-quatre heures. Que fait-elle ici, si loin de tout ce qu'elle aime ? On n'achète pas une maison simplement parce qu'on a cru sentir son cœur battre de nouveau devant la photographie d'une porte-fenêtre avec un perron. La mauvaise photo d'une agence immobilière dans un journal. On n'achète pas une maison simplement parce qu'on s'est mise soudain à gagner beaucoup d'argent, pour la première fois de sa vie, de l'argent comme s'il en pleuvait, une vraie manne, alors qu'on a passé des années à courir après le cachet.

Vous devez investir. Une maison alors, puisqu'elle a perdu celles de son enfance, puisqu'elle ne possède rien en France, n'a pas d'enfants, pas de mari, plus personne, Mademoiselle C. Elle a peu à peu imaginé quelque chose près de l'océan, avec de l'embrun et du vent. Mais La Vergne se trouve en Charente limousine, dans une région qu'on appelle aussi le Confolentais, en pleine terre. Elle a toujours été nulle en géographie, Albert se moquait d'elle et la taquinait à ce sujet, elle se demande d'ailleurs s'ils ne sont pas passés par ce coin parfois en remontant de Lacanau ou de Sainte-Foy, quand il venait la chercher pour la ramener à Paris à la fin de l'été, même si elle ne veut pas penser à Albert maintenant. Albert à qui elle pense tout le temps. *Mon beau prince, mon jeune dieu, mon beau corps, ma patrie.* C'est pour cela peut-être qu'elle est en colère. Peut-être pas. Elle est sortie de la voiture où l'air était irrespirable à cause de toutes les cigarettes qu'elle a fumées et de son humeur de chien, et elle marche à présent sous les arbres du chemin, si hauts, si touffus qu'ils laissent à peine filtrer le ciel, tandis qu'au volant Dadé s'éloigne jusqu'à la propriété qu'on aperçoit au loin en contrebas, entre le feuillage. Au même moment, il commence à pleuvoir. Des gouttes légères, douces, qui passent au travers des feuilles et glissent sur son visage levé vers la cime des arbres, chênes, hêtres, châtaigniers, charmes, et lui arrachent un sourire. Comme elle aime la pluie, le silence, l'odeur de la terre mouillée. Elle a bien fait de prendre son ciré noir et son petit chapeau. *Ma pèlerine, ma synagogue, ma Princesse de Galice.* Ils sont parfaitement adaptés à cette après-midi de printemps, à ce paysage charentais, ils sont faits pour ici.

Il y a quelques jours, par l'intermédiaire de Pierre Reynal, elle a fait la connaissance de Maurice Béjart qui brûlait de la rencontrer. Il lui a avoué qu'en entendant sa voix à la radio quand il avait vingt-trois ans et était alité, malade, il a écrit un spectacle intitulé *La Reine verte* qu'il aimerait monter un jour avec elle. Qui est la Reine verte ? a-t-elle demandé à Béjart, et il a répondu la Mort. Mais ce sera pour plus tard. Il a autre chose à lui proposer maintenant : *À la recherche de don Juan*, un oratorio-ballet inspiré à la fois d'un traité de Jean de la Croix et du mythe de don Juan, avec du flamenco et des textes en espagnol. À l'Opéra national de Bruxelles. Elle sera en scène pendant trois heures, en compagnie d'une danseuse qui aura le même rôle qu'elle, deux femmes pour jouer le personnage de Nada. Elle ne dansera pas réellement, mais il faudra qu'elle travaille à la barre comme les autres. Elle évoluera au milieu de vingt-cinq figurantes et de vingt choristes. Au moment de la mort et de l'enterrement de don Juan, les ballerines danseront sur un fond sonore enregistré lors d'une course automobile en même temps que seront projetées des images filmées d'un accident pendant les 24 Heures du Mans. Elle s'est rappelé qu'elle voulait être danseuse quand elle était petite. Elle a dit oui.

Au bout du chemin, il y a un virage où les arbres sont plus espacés. De là, elle aperçoit au loin les toits orangés du village d'Alloue, son cimetière à flanc de colline, et en bas, entre la rivière et les champs, cette vieille bâtisse en pierre couverte de vigne pour laquelle Dadé et elle ont fait tout ce trajet depuis Paris. Une grande maison en partie cachée par la végétation, isolée, avec une tourelle qu'elle entrevoit quand elle commence à descendre. Un étage, de nombreuses fenêtres à petits croisillons blancs, plusieurs cheminées, et en face, sur la propriété, de grandes dépendances et un pigeonnier. Tout est si calme et si tranquille. Depuis combien de temps n'a-t-elle pas ressenti une telle paix ? Elle pense à Montrove, à Bastiagueiro, aux *pazos* galiciens de son enfance. Elle s'est toujours interdit cette nostalgie, pourtant ces souvenirs la submergent brusquement devant cette maison. Elle marche jusqu'à la lourde porte d'entrée, bleue, sous la pluie fine et douce qui caresse ses joues. Ce n'est pas la porte qu'elle a vue sur la photo de l'annonce dans le journal et qui a ranimé son cœur, celle-là, comme elle s'en rend compte en faisant le tour du bâtiment, se trouve de l'autre côté, avec son perron qui donne sur les champs et le village au loin. Elle se verrait bien là, avec des sabots et une tenue de campagne, entourée de poules et de chiens, les mains dans la terre, entretenant un potager, affûtant des couteaux, faisant les maïs avec les paysans du coin, travaillant ses rôles dehors, devant le grand mur d'enceinte qui s'élève au fond, près d'une grange, restes d'anciennes fortifications, sa Cour d'honneur à elle, son mur d'Avignon. Sa maison. Chez elle.

Alors... Qu'en dis-tu ?

Elle se retourne. André est derrière elle. Il lui sourit avec son bon sourire, son visage de pierrot lunaire, terrassé régulièrement par des crises d'épilepsie, André, Dadé, dont il est difficile de dire quelle place il occupe dans sa vie, ni depuis quand.

Elle est pour toi cette maison, tu ne crois pas, Maria ?

Maria, c'est elle.

Maria Casarès.

En août 1961, Maria Casarès et André Schlesser achètent le domaine de La Vergne. Elle, la maison principale, lui, les dépendances. Deux actes de vente séparés. Maria part aussitôt à Bruxelles pour la création d'*À la recherche de don Juan* de Béjart, puis en tournée au Brésil, en Uruguay et en Argentine pour *Cher menteur*, avant une reprise de cette pièce à Lyon au Théâtre des Célestins. Elle court partout, d'une scène à une autre, continue d'accepter de nombreux enregistrements radio, mais dès qu'elle le peut, elle descend en Charente s'occuper de sa maison. Il y a tant à faire. Tout son argent désormais va là, son temps libre est happé par ses séjours à La Vergne où elle s'affaire du matin au soir, se bat contre *les puces, les cloportes, les araignées, l'humidité, les mauvaises herbes*, ne pense plus à rien ni à personne, et dort comme une enfant. Pour la première fois depuis l'exil, il lui semble avoir enfin la possibilité de reconstruire quelque chose de sa Galice. Dans l'immense salle à manger qu'elle fait aménager de bois sombre, on trouve une méridienne, une longue table, un brasero devant la cheminée, des épées partout et une tête de mort. Une salle à manger qui pourrait accueillir une troupe de théâtre, et c'est peut-être ce qu'elle se dit d'abord, qu'elle donnera là de grands dîners, invitera une foule de gens venus de Paris et d'ailleurs, qu'elle pourra loger sans problème puisqu'il y a plusieurs chambres à l'étage et plus encore dans l'autre bâtiment où s'est établi Dadé, mais où en réalité Maria ne dîne pas, préférant la cuisine voisine avec son poêle et sa vieille comtoise, invitant finalement peu de monde à La Vergne à part la fidèle Dominique Marcas qui y a sa chambre attitrée, et Cricou, entrée dans les ordres en 1956, qui séjourne là régulièrement. Quelques personnes, dont Maria s'entiche soudain avant de les rejeter tout aussi impulsivement, violemment, font aussi le voyage jusqu'à Alloue. Une cour mouvante, tournante, selon les saisons.

Maria veut être tranquille avant tout. Cette maison est son refuge. Elle l'apaise et la ressource. Au premier, dans la bibliothèque rouge et noire dont les rayons sont remplis de livres qu'elle a fait venir de Paris, beaucoup offerts par Camus, dédicacés par lui, elle a mis une affiche de La Coruña et une autre de Tipasa. Elle aime lire là le soir, sur les fauteuils en cuir noir, ou dans le fumoir voisin, dans un silence total. La maison n'a pas de bruit, ne craque pas. Maria a installé sa chambre au premier étage de la tourelle. Dans une des brocantes où Dadé et elle chinent à la recherche de meubles et d'objets, elle a trouvé un pistolet ancien, sorte de mousquet espagnol, que depuis elle place sous son lit pour dormir, plus pour effrayer les autres en s'amusant à tirer de la fenêtre que pour se rassurer. Elle n'a pas peur, même quand elle est seule. Elle se lève tard le matin, et Dadé sait qu'il faut attendre qu'elle ouvre ses volets avant d'entrer et de manifester sa présence d'une quelconque manière.

André va et vient, il est capable de disparaître sans prévenir du jour au lendemain, insaisissable. *Un être indépendant, errant*. Cependant, il est plus présent qu'elle à La Vergne. Il a mis en retrait sa carrière d'acteur et de chanteur pour se consacrer principalement à la codirection du cabaret L'Écluse, qu'il a fondé en 1951 avec son compère Marc Chevalier, quai des Grands-Augustins à Paris. C'est lui qui supervise les travaux de réfection et d'aménagement du domaine, qui vont durer des années, respectant les indications et les désirs de Maria. S'efforçant de la contredire le moins possible, redoutant ses colères, ses sautes d'humeur. Lui donnant des nouvelles par écrit ou par téléphone quand elle est loin.

Quand elle est loin, justement, du périmètre protecteur de la maison, Maria est rattrapée par le doute et autres démons. En 1963, à Buenos Aires où elle séjourne plusieurs mois pour jouer en espagnol *Yerma* de Federico García Lorca, elle vit une liaison intense avec un de ses partenaires argentins, Alfredo Alcón, un acteur de trente-trois ans. Le premier homme, depuis Camus. Maria vient d'avoir quarante ans. Elle voit son corps se transformer, sa jeunesse s'enfuir, et s'accroche aux bras d'Alfredo. Elle boit beaucoup. Ivre, entourée de gens qui lui parlent en espagnol et l'appellent *María*, il lui semble qu'elle pourrait là recommencer de zéro, tenir à distance son chagrin, tout oublier, la phrase, le *malheur*, la photo d'Albert, ses lettres, sa voix. Rester en Amérique, s'installer à Buenos Aires comme tant de ses frères et sœurs d'exil et retrouver son appartenance à un groupe. Elle y songe, Maria, María, María Victoria, Vitoliña, elle recommence à chercher son nom. Elle ne veut pas vieillir et perdre ce qui lui reste d'elle, tant aimée. *Chère Maria, pardonnez-moi de vous appeler ainsi – mais pour moi vous ne pouvez être que « Maria », « la Divine », ou « l'Unique » – tant pis pour le protocole*, lui écrit encore Suzanne

Agnely le 6 décembre 1963. Elle a laissé ses cheveux repousser, sa belle et noire crinière, porte des chapeaux extravagants, rit à gorge déployée, de son rire en cascade, de petite fille. Son rire forcé. Elle a quarante ans désormais et Franco est toujours vivant. *Ma patiente, ma loyale, ma guerrière. Ma sage et ma folle.* Elle rompt brutalement avec Alfredo et revient jouer *La Reine verte* de Béjart à Hébertot, sa lourde couronne sur la tête. *Elle change de couleur. Jusqu'à présent elle était une Phèdre noire, une Lady Macbeth noire. Elle devient une reine verte. Elle admet une couleur, ou plutôt le nom d'une couleur. C'est une date importante de sa vie*, remarque un critique.

En juin 1964, Maria Casarès retourne une nouvelle fois à Buenos Aires pour les répétitions de *Divines paroles*, de Ramón del Valle-Inclán, son compatriote galicien, une tragi-comédie mise en scène par Jorge Lavelli au Teatro Coliseo. Elle a fait la connaissance de Lavelli lors de son précédent séjour, et avec Béjart et bientôt Genet il représente une des rencontres les plus importantes de cette partie de sa vie. De nouveau la tentation de la fuite, les excès et l'épuisement, une première expérience homosexuelle. Maria plaît aux femmes qui la poursuivent à la sortie des artistes, la harcèlent, lui écrivent des lettres enflammées, amoureuses ; elle plaît aussi aux hommes plus jeunes qu'elle, aux bisexuels et aux homosexuels, qui la veulent pour confidente, meilleure amie, cultivant de plus en plus une certaine ambiguïté ou asexualité. De nouveau l'espagnol, qu'elle doit se réapproprier alors qu'elle a tout fait pour l'oublier. Et elle, qui s'est tellement battue pour prononcer le français avec le plus de pureté possible, à qui on a longtemps reproché de garder une pointe d'accent étranger, *son accent corrigé*, est cette fois en Argentine critiquée pour sa *diction française* quand elle joue en espagnol. María, Vitoliña. Vitola. Elle revient en France. Sa place est là. Où se trouve sa maison. Les années, les rôles peuvent désormais se succéder. Il y a cet endroit, en Charente, où elle a enfin posé les valises de l'exil, pleines d'extravagances et de mémoire.

Elle, c'est la Mère.

Avec sa robe en satin toute rapiécée de violets différents, sa canne, sa peau couverte de henné, son corps voûté, son rire de folle, ses sauts de folle, ses hurlements de folle. *Ce n'est pas vrai, tu n'es pas mort ? Relève-toi. Remets-toi debout. Tu n'es pas mort. Je ne t'ai pas tué, dis ? Réponds-moi, je t'en supplie, réponds, petit soldat de France, amour, mon amour, ma chatte, ma mésange, relève-toi... mais debout, saloperie ! Il est bien mort, la charogne*. Elle est nu-pieds, et *chacun de ses doigts est d'une couleur – différente – violente*, selon les indications de l'auteur. Elle porte un foulard noué n'importe comment sur sa tête, une valise en carton bouilli et une voilette jaune, grimée, effrayante. Monstrueuse.

C'est le mois d'avril 1966, et à l'extérieur du Théâtre de l'Odéon à Paris, où est jouée depuis le 16 la dernière pièce de Jean Genet, *Les Paravents*, des heurts violents opposent partisans et détracteurs de l'œuvre, qui manifestent chaque soir pour tenter d'empêcher les représentations. Fresque foisonnante en seize tableaux, comprenant des dizaines de personnages dont les destins se croisent pendant la guerre d'Algérie, la pièce a été écrite et publiée en 1961, mais il aura fallu cinq ans et l'intervention d'André Malraux pour qu'elle puisse être montée par la compagnie Renaud-Barrault, dans la mise en scène de Roger Blin. Elle dure quatre heures, compte vingt-trois acteurs qui interprètent souvent plusieurs rôles, et déclenche depuis la première des réactions passionnées. Certains journalistes parlent de *langue excrémentielle/Scènes et répliques rivalisent d'horreur/Les cris obscènes se sont mêlés aux gestes réputés les plus nobles et aux mots les plus respectés.* Des cars de police stationnent sur la place où des groupuscules d'extrême droite et d'anciens combattants d'Afrique du Nord et d'Indochine protestent contre ce spectacle subventionné, et font tout pour le perturber. Dans la salle même, on siffle pendant la représentation, on jette des rats morts et des gaz lacrymogènes sur scène pour réclamer l'arrêt définitif de la pièce. Malraux doit intervenir à l'Assemblée nationale pour plaider la liberté artistique et tenter de calmer les esprits.

Chaque soir cependant, Maria Casarès est la Mère, *une vieille femme arabe toute ridée*. Elle a découvert *Les Paravents* quand on lui a proposé d'incarner ce personnage, qui ouvre et clôt la pièce. Elle n'avait pas voulu la lire avant, l'Algérie était un cri étouffé en elle, depuis longtemps retenu. Elle a adoré le texte et a accepté le rôle. Elle a quarante-trois ans, a coupé ses cheveux courts à la garçonne depuis un an, et se lance à la recherche de son personnage. *Je n'ai jamais été confrontée à un texte théâtral qui ait exigé de moi un tel engagement ni un tel courage*. Mais au bout de trois semaines de répétitions, elle renonce, déclare à Jean-Louis Barrault, la mort dans l'âme, qu'elle n'y arrive pas et qu'il va falloir trouver une autre actrice. Aussitôt prévenu, Genet demande alors à la rencontrer, passe deux heures chez elle et, l'air de rien, au détour de la conversation, en deux, trois images, l'aide à faire surgir la Mère. Ses déplacements, sa voix, ses silences. *Mon amour, ma chatte, ma mésange.* Son interprétation restera inoubliable. *Maria Casarès a obtenu un triomphe, hier soir, pour la répétition générale de la dernière pièce de Jean Genet: « Les Paravents » au Théâtre de France. Dix interminables rappels et de multiples vivats ont accompagné le baisser de rideau.*

Elle est ensuite Marguerite d'Anjou dans *Henry VI* de Shakespeare mis en scène par Barrault à Odéon, une nouvelle fois Léonide/Phocion dans *Le Triomphe de l'amour* de Marivaux mis en scène par Vilar au Festival du Marais, Médée dans *Médée* de Sénèque mis en scène par Lavelli à Avignon. Les critiques trouvent son interprétation outrée, mais en tournée en Algérie, ses trémolos sont repris en chœur par les youyous des femmes dans le public. Cheveux courts, jupe longue gitane, elle retrouve les danseurs du Ballet de Béjart pour *La Nuit obscure*, poème chorégraphique inspiré de deux œuvres de Jean de la Croix joué à Bruxelles, Avignon, au Québec, à Cuba, au Mexique, où Maria est logée à l'Ambassade de la République d'Espagne. Le Mexique, un des rares pays à ne pas avoir reconnu le régime de Franco. Elle rend visite à sa sœur et revoit Enrique, vieilli et assagi. Une page se tourne définitivement. Elle rentre en France en 1968. *Tremblante encore d'une jeunesse envolée et adhérant toujours inconditionnellement à la vie.* Maria n'a pas encore quarante-six ans.

Entre deux tournées, elle revient à La Vergne où elle se retranche du monde et suit, de loin, les actualités, l'occupation du Théâtre de l'Odéon, les manifestations ouvrières et étudiantes. Son engagement est sur les planches et dans cette maison qu'elle envisage comme un territoire libre, autonome, patrie de tous les exilés, dont elle se veut le corps et la voix. Elle aime s'étendre nue au soleil devant la pierre, se laisser dériver dans une petite barque sur le bras de la Charente qui traverse sa propriété, marcher sous la pluie en compagnie de son chien, faire la cuisine, le ménage, descendre avec panache le bel escalier en bois quand elle sort de sa chambre, tourner la clé le soir dans la lourde porte bleue. Les travaux sont sans fin, l'installation reste rustique, le confort sommaire, mais elle est heureuse là. Les enfants d'André, qui viennent parfois, apportent un souffle de jeunesse qu'elle ne trouve pas ailleurs. Des enfants, elle n'en voit que sur scène. Quand elle est à Paris, son pigeonnier tant aimé lui semble de plus en plus figé dans le temps, muséifié, avec ses habitudes et ses objets immuables, le couvert mis indéfectiblement quand elle rentre, les mêmes repas, les mêmes attentions d'Angeles, les fantômes enroulés dans les rideaux effilochés, ombres évanescentes fumant des cigarettes sur le balcon filant. Cet escalier qu'elle n'en finit pas de monter. La photo d'Albert sur la table de chevet. Maria étouffe. La Vergne est l'avenir. Le 148 rue de Vaugirard, le passé, les morts, trente ans de sa vie. Un jour, il faudra quitter tout cela. Elle hésite, tremble un peu. À certaines périodes, elle replonge dans le noir. En 1969, elle s'éprend du metteur en scène Jean Tasso pour qui elle est Mère Courage, dans *Mère Courage et ses enfants*, de Brecht, à Bobino. L'homme est violent, la liaison tumultueuse, destructrice. Maria en sort anéantie. Elle avait vaguement rêvé de couple, d'une vie amoureuse plus stable, plus conventionnelle. Elle n'y arrive pas. *Ma lumière*, *mon égale*, *ma reine*, *mon amie fidèle*. Peut-être ne rencontre-t-elle pas les bonnes personnes. Peut-être est-il trop tard. Son visage marqué, son élégance échappée, cette époque où jamais elle ne sortait sans maquillage ni talons hauts ni porte-jarretelles, enfuie à jamais. Son corps qui s'éloigne, sa longue chevelure noire définitivement disparue. *Il y a la jeunesse. Il y a la vieillesse/Je choisis de vieillir en plein midi. Et pour ce faire, de bien vieillir.* Tout passe. Et Franco est toujours vivant.

Il reste le théâtre. Le théâtre. Le théâtre.

Elle, c'est Maria Casarès.

Elle porte un pull large sur un legging noir, des bottines, une casquette enfoncée sur ses cheveux courts, grisonnants, elle est à peine maquillée et emmitouflée dans un long manteau en fourrure d'astrakan, les mains enfoncées dans ses poches. Il y a, à l'évidence, un problème de chauffage dans son compartiment, peut-être dans la voiture entière, voire l'ensemble du train, et elle a froid. Elle frissonne. C'est étrange parce qu'il faisait chaud à Paris quand ils sont partis en fin d'après-midi, très chaud même, c'est l'été et il n'y a aucune raison pour que la température ait chuté aussi brutalement en quelques heures à peine, quel que soit l'endroit où ils se trouvent maintenant et dont elle ignore le nom car c'est le soir, elle ne distingue rien à travers la vitre sur laquelle elle pose en vain son front de temps en temps et ses mains avant de les enfouir de nouveau dans ses poches, hormis une lumière isolée ici et là, l'ombre de grands arbres. Elle sait seulement qu'ils sont encore en France. Ils passeront la frontière plus tard, au cœur de la nuit, quand tout le monde sera endormi, lui a dit le chef de bord, vous ne vous en rendrez même pas compte. Justement. Elle veut s'en rendre compte. Être bien réveillée, bien consciente. C'est pour cela qu'elle a choisi de voyager ainsi. *J'ai préféré prendre le train. Je supportais mal l'idée du saut brutal que l'avion nous fait faire dans l'espace. J'avais besoin d'un plein-temps pour parcourir mon espace.* C'est le 19 juillet 1976. Maria Casarès est dans le Talgo qui relie Paris et Madrid, enveloppée dans une pelisse d'hiver. Elle a rempli les papiers pour la douane et elle attend. Elle a cinquante-trois ans et retourne en Espagne pour la première fois.

Quarante ans ont passé, presque jour pour jour, depuis le coup d'État militaire de Franco qui les a exilées, sa mère et elle, en France. Elle se revoit dans la gare du Perthus, allongée sur un banc, la tête posée sur la cuisse de sa mère, Gloria, qui pleurait doucement. L'image d'une netteté stupéfiante, si proche, comme si elle avait toujours été là, au bord de sa mémoire dont elle s'est interdit l'accès jusqu'à ce jour. Enrique, son *frère*. Les valises en peau de porc et ses pieds qui ne touchaient pas le sol, son corps planant, relié seulement à celui de Gloria, n'appartenant plus à aucune terre. Comme elle avait eu froid ce matin de novembre. Elle allait avoir quatorze ans. Peut-être est-ce là qu'elle a commencé à trembler.

Ce tremblement originel qui ne l'a plus jamais quittée. Peut-être est-il impossible de traverser une frontière sans claquer des dents.

Elle est allée dîner au wagon-restaurant mais a peu mangé, contrairement à ses habitudes. Maria aime en principe les gros repas le soir, elle a toujours eu besoin de manger énormément avant de jouer, tant elle se dépense, brûle de calories sur scène, des plats lourds, pleins de graisse et de protéines animales. Même quand elle est à la campagne, quand elle est à La Vergne, elle a un appétit d'ogre en fin de journée. Mais dans ce train, c'est différent. Au wagon-restaurant, elle s'est mise dans un coin, a bu un peu de vin, beaucoup fumé. Elle ne s'est pas attardée, ne veut pas qu'on la reconnaisse. Elle a regagné son *single* en première où André l'a aidée à ranger ses bagages à Paris avant le départ. Préoccupé, Dadé, de la voir s'en aller pour si longtemps, seule, sans personne pour veiller sur elle parmi toutes ses *dames de compagnie* qui l'adulent et s'écharpent pour être sa favorite, et l'horripilent, lui Dadé, au plus haut point, mais dont pour une fois il s'est surpris à regretter la présence auprès de Maria qui tousse sans arrêt, nuit et jour. Sauf sur scène. Sur scène, sa toux disparaît miraculeusement. Inquiet de la voir partir *là-bas*. Dans ce pays dont elle a gardé la nationalité, qu'elle porte en elle fidèlement. Elle l'a rassuré. Tout se passera bien. Elle est tellement excitée, heureuse, malgré un mélange de sentiments plus complexes, une forme d'incrédulité, de stupeur et de joie qu'elle éprouve maintenant depuis six mois, ainsi qu'un irrépressible chagrin.

Elle était chez elle en Charente. C'était le soir. Elle est sortie voir ses deux ânes dans la grange et s'est attardée dehors quelques minutes avec son chien parce que la nuit était étonnamment dégagée pour la saison, le ciel étoilé, et Maria aime la vision de sa maison illuminée dans la nuit obscure, le rouge de la bibliothèque et du fumoir, le jaune de son bureau, toutes les fenêtres à croisillons blancs comme des phares. C'était la veille de son anniversaire et elle était seule à La Vergne. Aucun corps pour toucher le sien, le ranimer, son corps éteint en dehors de la scène, de ses dernières expériences théâtrales, de plus en plus audacieuses, certaines scènes osées, censurées, Maria prête chaque fois à aller plus loin, et depuis une nouvelle liaison sadomasochiste avec le metteur en scène Claude Cyriaque qui l'a fait plonger dans un enfer d'alcool, de coups, et songer à arrêter le théâtre. Son corps désormais sans âge ni sexe ni langue ni patrie déterminés, oracle et réceptacle. Celui d'une ancienne actrice mariée depuis vingt-cinq ans dans *La Danse de mort* de Strindberg, d'une entremetteuse borgne dans *La Célestine* de Rojas, d'une reine des Amazones dans *Penthésilée* de Kleist. Mais ce soir-là, elle était Maria Casarès avec son chien à Alloue, contemplant les étoiles, savourant le silence de sa campagne. Elle est rentrée chez elle et a regardé la télévision en fumant des cigarettes. Et la nouvelle est tombée, attendue depuis si longtemps que Maria est restée hébétée devant son poste sans réagir, surprise par sa propre apathie. 20 novembre 1975. Franco était mort. On le savait malade depuis des mois, alité, un vieillard avec des tas de médecins à son chevet pour l'accompagner jusqu'à la fin et lui épargner toute souffrance. Elle n'éprouvait rien, s'en étonnait, s'en inquiétait presque, son cœur peut-être avait trop battu de tristesse pour s'emballer encore et convoquer des images, des visages. Rien ne surgissait. Elle aurait voulu crier au nom de tous ses disparus, des êtres qu'elle avait aimés et qui n'étaient plus là pour se réjouir avec elle, être la voix et le corps des autres comme sur scène. Mais elle n'était pas au théâtre et n'arrivait même pas à se réjouir. Le dictateur était mort dans son lit, à Madrid, à quatre-vingt-deux ans, après avoir dirigé l'Espagne pendant presque quarante ans, et à la télévision on retraçait son histoire, rappelait qu'il était né au nord du pays, dans une région appelée la Galice. Maria a fini par éteindre le poste. Elle s'est retirée dans sa chambre dont les murs sont couverts de papier peint intissé blanc à motifs baroques jaunes, dans la tourelle.

Elle a refermé la porte, s'est avancée jusqu'à la fenêtre qui donne sur l'extrémité du champ où paissent des chevaux et sur les grands arbres du chemin d'accès qui l'ont abritée le premier jour, sous lesquels elle se promène par tous les temps, particulièrement quand il pleut. Là, dans le noir, le tremblement est monté. Elle a pleuré toute la nuit.

Elle fume cigarette sur cigarette pour rester éveillée malgré les ballottements du train qui roule à 160 kilomètres/heure. Maria voudrait cette nuit blanche et peuplée de fantômes, de personnages, de décors et de routes. Elle est dans cet espace-temps où tout s'assemble et se réconcilie, où elle peut enfin s'autoriser à regarder derrière elle. On ne fait ce voyage qu'une fois dans sa vie, comment pourrait-elle dormir avec ce qui pleure et gémit en elle ? Ils arriveront à Madrid au petit matin et elle aura tout le temps de se reposer avant que débutent les répétitions de la pièce de Rafael Alberti, *El Adefesio : Fábula del Amor y de las viejas*, pour laquelle elle se rend en Espagne et dont la première est prévue en septembre au Teatro Reina Victoria, avant une tournée dans plusieurs villes du pays, dont La Coruña. Maria ignore ce qui l'attend, ne mesure pas vraiment l'enjeu plus politique que théâtral, de son retour. Elle s'est empressée d'accepter cette invitation dès qu'elle l'a reçue, sans réfléchir aux conséquences, malgré les réserves de plusieurs personnes autour d'elle, dont Dadé, qui ont tenté prudemment de la mettre en garde, parce qu'elle n'a aucune assurance sur la façon dont elle sera accueillie, peut-être est-il encore trop tôt, peut-être est-ce un piège, Alberti lui-même, exilé depuis la fin de la guerre civile, malgré sa promesse de revenir pour la pièce, est pour l'heure toujours à Rome, la date de son arrivée à Madrid étant sans cesse différée. Et parce qu'on ne retrouve jamais le pays qu'on a perdu enfant. Elle a fait taire les uns et les autres. Il y a un risque, elle en a parfaitement conscience, mais elle ne peut pas ne pas le prendre. Ce voyage, elle doit l'accomplir afin d'achever la conquête d'elle-même, de son histoire, de son identité, quel qu'en soit le prix.

Le train file dans la nuit. Maria espère que les gens qui viendront l'attendre demain matin à Atocha seront peu nombreux, discrets, pas comme les groupes d'Espagnols, de Galiciens, en Amérique du Sud, qui lui réservaient chaque fois un triomphe, la couvraient de cadeaux et lui arrachaient des larmes. Pas pleurer. Cependant, elle n'a pas oublié d'emporter dans son sac à main ses lunettes noires qu'elle mettra avant de descendre du train. Sa seule certitude, c'est Angeles, qui sera parmi le comité d'accueil, elle le lui a confirmé au téléphone, sa chère Angeles, sa Navarraise, son roc, son refuge, son guide, brune et ferme comme elle l'a toujours connue, et comme elle l'était encore quand elle l'a quittée le jour où Juan et elle ont décidé de prendre leur retraite et de retourner vivre en Espagne. C'était en 1969, au moment où Maria était en pleine déchéance destructrice avec Jean Tasso. Le départ d'Angeles du pigeonnier l'a poussée à réagir, et comme à son habitude elle est remontée des profondeurs en tranchant dans le vif. C'est sa seule façon d'avancer, elle n'en connaît pas d'autre. Elle a rompu avec Tasso et décidé du jour au lendemain de déménager, de quitter le 148 rue de Vaugirard, cet appartement qu'elle a tant aimé, aux innombrables fenêtres ouvertes sur le ciel, pour un rez-de-chaussée *bouché à toute vue*. Un atelier avec une verrière donnant sur une cour, *un trou à même le sol*, 6 rue Asseline dans le 14e arrondissement, où elle s'est installée avec Dominique Marcas qui bénéficie d'une chambre indépendante et d'une entrée séparée. Elle ne montera plus l'escalier, n'entendra plus la phrase. Après trente-trois ans d'exil, ses pieds se sont enfin posés sur sa terre d'adoption, son petit corps arraché à son pays natal, transi de froid, a quitté définitivement le banc public de la gare du Perthus.

Elle s'est endormie, la tête contre la fenêtre du compartiment, et a rêvé d'Angeles, qui a accepté de quitter la Navarre pendant la durée de son séjour à Madrid pour partager avec elle l'appartement que la production a mis à sa disposition. C'est tout ce dont Maria se souvient quand elle se réveille envahie par une étrange sensation. Il y avait Angeles, le reste était flou et désagréable, la silhouette d'Angeles disparaissant dans le salon de la rue de Vaugirard, un mouvement furtif mais indubitablement de défaite et de deuil. Quelqu'un était mort, Maria a l'intuition qu'il s'agit de Juan, qui est malade depuis quelque temps, mais le rêve s'est déjà effacé, ne subsiste qu'une brume légère dans laquelle il lui semble flotter, et à l'instant où elle se demande quelle heure il est, où ils sont, si elle a dormi longtemps ou s'est juste assoupie quelques minutes, elle s'aperçoit que le train est à l'arrêt, soulevé dans les airs au milieu de lumières jaunes et d'un fracas étourdissant qui est sans doute ce qui l'a réveillée. Ils sont à Irun, à la frontière franco-espagnole, où il faut changer les essieux des wagons à cause de la différence d'écartement des rails entre les réseaux des deux pays. Maria Casarès est en Espagne depuis quelques minutes, dans son *single* suspendu au-dessus du sol. *Que toda la vida es sueño.* Elle n'ose pas bouger ni refermer les yeux, observe les hommes qui s'agitent sous le train dans la nuit. *Y los sueños, sueños son.*

Elle, c'est un corps voûté, appuyé sur une canne.

Une vieille fille travestie en homme, portant les vêtements noirs de son frère mort afin d'effrayer tous ceux qui voudraient pénétrer dans son foyer où elle retient, cloîtrées, les femmes de sa famille. Un corps monstrueux, chargé de malheur, suscitant effroi et pitié, dans la pièce *El Adefesio*, en français *Le Repoussoir*, de Rafael Alberti. Pourtant, le 24 septembre 1976, soir de la première, dès qu'elle entre sur la scène du Teatro Reina Victoria à Madrid, la salle se lève et l'applaudit pendant deux minutes. Deux longues minutes. Elle attend. Pas pleurer, rester concentrée. Avec sa canne, droite et fière, face à la salle debout. Elle ne pense pas à son père, à sa mère, aux années qu'il aura fallu traverser pour être là. Elle pense à son frère, don Dino, qui vient de mourir et dont elle a décidé de prendre la place, devenant ainsi ce chef de famille despotique, perfide, à l'aspect abominable. Vieille vierge implacable et virile. Gorgo. Le repoussoir, c'est elle.

Parmi les spectateurs se trouvent des leaders politiques de la gauche espagnole, des syndicalistes, diverses personnalités. Le moment est historique. Il s'agit de l'œuvre d'un exilé célèbre, Rafael Alberti, interprétée par une exilée célèbre, Maria Casarès, de retour au pays après quarante ans passés à l'étranger – elle, du moins, car le poète andalou n'est pas là, pas encore, il viendra plus tard, peut-être, on ne sait pas, on ne sait plus, il a envoyé une lettre de Rome qui sera lue ce soir et les soirs suivants –, c'est la réconciliation des deux Espagne qui pèse tout entière sur les épaules de l'actrice barbue. C'est elle qu'on vient voir, la fille de Casares Quiroga, qui a fait toute sa carrière en France et décliné jusqu'à ce jour les nombreuses invitations que l'Espagne lui a adressées. Maria le sait. Et depuis son arrivée à Madrid le 20 juillet, elle s'efforce de faire mentir la réputation de diva qui l'a précédée, ne ménageant pas sa peine, cherchant sans relâche son personnage, sa silhouette, ses mouvements, sa respiration, répétant jusqu'à l'épuisement son texte dans cette langue qu'il lui faut réapprendre, morte de trac à l'approche de la première, terrifiée à l'idée qu'on puisse la trouver trop parisienne. Et heureuse en même temps, exaltée, frénétique. Ces premières semaines à Madrid ont été merveilleuses. *¡ Bienvenida, María!* lui lançaient les gens dans la rue, et elle devait cacher son émotion derrière ses lunettes noires. Elle a retrouvé des amis de l'Instituto-Escuela, revu des gens de l'hospital Oftálmico, est retournée sur les lieux de ses années madrilènes et a accepté quelques conférences de presse, une poignée d'invitations officielles.

Assez vite toutefois elle a eu le sentiment d'être manipulée et ne comprend toujours pas l'absence d'Alberti. Son euphorie est peu à peu retombée. Dans le grand appartement où elle loge, trois femmes de chambre sont entièrement à son service, car Angeles a dû repartir en Navarre pour s'occuper de Juan. Elle a promis de venir la voir pendant sa tournée, quand Maria jouera à Saragosse. Mais ça lui paraît loin, certains jours, Saragosse, et toutes ces villes où il est prévu qu'elle porte cette pièce pendant des mois. Ça lui paraît long soudain, ce séjour sur une terre dont elle s'aperçoit doucement qu'elle s'y sent étrangère. L'important, c'était revenir. C'était ce serment, cet objectif qui lui ont permis de résister à tout, de se relever de tout, elle ne pouvait pas mourir tant qu'elle ne serait pas retournée en Espagne, ne serait pas en paix avec elle-même avant d'en avoir fini avec l'exil.

Et maintenant elle est là, dans sa loge du Teatro Reina Victoria tellement envahie de fleurs qu'elle peut à peine s'y mouvoir. Ce soir a été un triomphe pour elle, même si Maria n'a pas voulu se désolidariser de la troupe et saluer seule à la fin comme le lui avait proposé le metteur en scène. Les gens scandaient son nom, ainsi qu'ils avaient acclamé celui de son père à La Coruña avant de lui jeter des oranges. C'était le même nom prononcé par la foule, c'était au fond la même foule qui l'ovationnait aujourd'hui sous une pluie de roses et lui reprocherait demain son interprétation trop française, son accent galicien. *Trop étrangère !* Lui réserverait jour après jour un accueil de moins en moins enthousiaste, obligeant l'impresario à retirer la pièce de l'affiche plus tôt que prévu, à réduire considérablement le nombre de dates de la tournée et même à annuler les représentations dans plusieurs villes, dont La Coruña. Lui enverrait une lettre anonyme traitant son père de criminel de haut rang.

Sept mois plus tard, en avril 1977, Maria Casarès est de retour en France, épuisée, souffrant d'une hépatite virale. Cette fois, elle a pris l'avion et Dadé vient la chercher à Orly. Son long séjour en Espagne lui a fait perdre certains de ses droits et elle doit justifier de son statut de réfugiée auprès de l'administration française, effectuer une déclaration de nationalité pour obtenir une nouvelle carte de résidente. Bientôt commenceront les répétitions de *La Mante polaire* de Serge Rezvani au Théâtre de la Ville, où elle doit interpréter Catherine II dans une mise en scène de Lavelli. Retour aux affaires courantes. Elle part en Charente pour se rétablir et préparer son rôle. Dans sa maison. Chez elle. Auparavant, elle fait une demande de naturalisation.

J'ai voulu rester espagnole tant que j'étais réfugiée, pour partager d'une manière ou d'une autre le sort des gens qui étaient les miens. Mais j'ai toujours pensé que le jour où je pourrais retourner en Espagne, je deviendrais française, même si je devais m'installer en Espagne.

Elle joue Marlowe, Eschyle, Stravinsky, Racine, Shakespeare, Ibsen, Dostoïevski, Genet, Saint-Jones Perse, Copi, Sarraute, Koltès, Pirandello, Euripide, Molière, Brecht, Alfieri, Louis-René des Forêts, Ondaatje.

Travaille avec Lavelli, Chéreau, Dumoulin, Sobel.

Entre autres.

Elle est encore plus d'une trentaine de personnages, femme, homme, reine, roi, pape, à Nanterre, à La Colline, à Avignon. En 1983, elle redevient la Mère, dix-sept ans après la création de la pièce, pour Patrice Chéreau. En 1989, elle obtient le Molière de la meilleure actrice pour son interprétation d'Hécube. En 1990, elle apparaît tous les soirs dans deux pièces qui sont jouées simultanément à Gennevilliers, « *Elle* » de Genet et *Tartuffe* de Molière. Elle arrive toujours très en avance au théâtre, trois heures avant la représentation, se maquille elle-même dans sa loge en redisant entièrement son texte en boucle. Elle tremble de trac. La plupart du temps, elle rentre seule en métro.

On la revoit un peu au cinéma, à la télévision. Matriarche, Madame, vieille femme aveugle,

Générale. Elle est nommée au César de la meilleure actrice dans un second rôle pour *La Lectrice* de Michel Deville.

Elle retourne deux fois en Espagne pour des projets professionnels, mais pas en Galice.

Continue de fumer et tousse toujours autant, sauf sur scène.

Pique parfois des colères noires et ne tutoie personne, à part André.

Prépare ses rôles de cette manière instinctive qui est la sienne depuis le début, depuis *Deirdre*, cherchant à faire surgir le corps de son personnage et recopiant son texte à la main dans des cahiers où elle note également les courses à faire et des réflexions de tout ordre.

Passe le mois d'août à La Vergne où elle aime s'étendre nue au soleil devant la maison. Faire des mots croisés. Lire des polars. Regarder la télé. Étudier l'astrologie et calculer le thème astral des uns et des autres.

Elle, scorpion ascendant taureau. Personnalité exceptionnelle mais complexe.

S'entoure d'êtres ambigus, une cour de femmes, de *sangsues*. La dernière en date s'appelle Françoise Lazare. Ça fait longtemps qu'elle est dans l'ombre de Maria, à son service, dévouée, servile. Elles se sont rencontrées en 1964 et, comme les autres, c'est une jeune fille solitaire au physique ingrat, garçon manqué, dont la seule passion dans la vie est Maria Casarès, prête à tout pour la satisfaire. Dadé a du mal à la supporter et elle ne vient pas à La Vergne quand il est là. Elle attend son heure, patiente. Un jour viendra où elle aura Maria pour elle toute seule, ayant écarté tout le monde, ayant survécu à tout le monde.

Publie son autobiographie, *Résidente privilégiée*, en 1980 aux éditions Fayard. C'est l'éditeur Bernard Clesca qui lui a proposé d'écrire ses mémoires. Après avoir hésité, Maria accepte de relever le défi et pendant neuf mois, à La Vergne, elle se lance dans la rédaction de ce texte qu'elle intitule provisoirement *Carte de séjour* et dédie aux « personnes déplacées ». Par l'intermédiaire d'un avocat, elle contacte Francine Camus pour lui demander l'autorisation de recopier quatre lettres d'Albert dans son livre. Elle ne l'obtiendra pas.

Confesse, lors de la parution de ce livre qui est un succès, encensé par la presse, que *le nom de Camus blesse encore* son âme *et même* ses *lèvres.*

Le 27 juin 1978, Maria Casarès épouse André Schlesser à la mairie du 6e arrondissement de Paris. Le marié porte un costume, la mariée son imperméable de tous les jours. Ils boivent ensuite un verre avec leurs témoins dans le café d'en face, puis chacun rentre chez soi.

Le 3 juin 1980, elle obtient la nationalité française.

Elle, Maria Schlesser.

Chevalier de la Légion d'honneur, commandeur des Arts et des Lettres.

Domiciliée 6 rue Asseline, 75014 Paris, et domaine de La Vergne, 16490 Alloue, France.

Domiciliée sur scène, sur toutes les scènes, où elle avance, corps ondoyant, voix sombre. Petite femme brune aux cheveux courts, souffrant de maux de ventre chroniques, abonnée aux personnages tragiques et dotée dans la vie d'un rire fameux, en cascade, carnassier, que certains pensent artificiel.

Monstre sacré. Immense tragédienne.

En 1992, elle fête ses cinquante ans de scène.

Elle, c'est Maria Casarès, veuve Schlesser.

Elle porte des bottes et des vêtements de pluie, des gants de jardinage, et se rend à pied au cimetière d'Alloue pour nettoyer la tombe d'André, mort en 1985. Dadé la taquinait sur sa manie du ménage, son obsession de la propreté, et il aurait sans doute trouvé qu'elle exagère à venir si souvent frotter la pierre toute simple, surélevée, qui compose son monument funéraire, arracher trois pauvres brins d'herbe qui ont à peine eu le temps de pousser dessous. Elle aime cette promenade, cette petite marche jusqu'au cimetière du village qui s'élève sur une colline. De la tombe d'André, située dans le haut, elle aperçoit sa maison au milieu des arbres, près de la Charente. Sa terre. Qui l'a accueillie au cours de son long exil et l'a fixée en ce monde. Où s'arrête la route. Plusieurs fois ces dernières années on l'a invitée à La Coruña pour lui proposer de devenir citoyenne d'honneur de la ville. On lui a même assuré que lui serait en partie restitué le patrimoine de sa famille, celui du moins qui n'a pas été détruit, les rares livres parmi les milliers que possédait son père qui n'ont pas été brûlés ou déchirés ou spoliés, et que serait réhabilitée sa mémoire. Elle a toujours refusé. Elle n'ira pas à La Coruña.

Elle nettoie, minutieuse, appliquée, la tombe de Dadé qui est la seule, parmi les tombes de ses disparus, des êtres qu'elle a aimés et aime encore, aimera toujours, sur laquelle elle se rend. *Ma parfaite, ma savoureuse, ma douce personne, ma belle furie*. Il est d'autres cimetières où elle n'est jamais entrée.

Quand elle a fini, elle s'assoit sur le banc à côté et regarde les champs, les arbres, le village, le toit au loin de sa maison qu'elle a pu refaire quand elle a vendu sa correspondance avec Albert à sa fille, Catherine Camus. *Pour que ça ne tombe pas entre d'autres mains*, avait dit René Char en 1960. Catherine, qui l'a contactée pour la première fois en 1982, trois ans après la mort de sa mère Francine, et avec qui Maria entretient un très beau lien depuis, saura quoi en faire, quand le temps sera venu. Toutes les lettres d'Albert sont en elle. Loin de peser, elles rendent chaque jour sa vie plus légère et brillante. *Quand on a aimé quelqu'un on n'est plus jamais seul.* Puis elle repart à grandes enjambées, de sa démarche féline, souple, de petite fille. Chez elle.

Maria Casarès est morte à La Vergne le 22 novembre 1996, le lendemain de son soixante-quatorzième anniversaire.

Elle est enterrée dans le cimetière d'Alloue et a légué à la commune sa maison, devenue un lieu de création et de résidence pour actrices et acteurs de théâtre.

En 2010, son nom a été donné à la division Europe de l'Office français de protection des réfugiés et apatrides.

Elle, c'est une petite fille perchée dans un arbre. L'après-midi, dans le grand jardin de sa maison natale, à La Coruña, elle grimpe sur sa branche préférée et s'invente des histoires, imagine sa vie quand elle sera grande, ses vies, elle a bien l'intention d'en avoir plusieurs, une seule ne lui suffira pas. Son appétit déjà légendaire préoccupe son entourage. Elle s'appelle María Victoria, mais tout le monde l'appelle Vitoliña, sauf son père qui préfère Vitola, et dévore tout ce qu'elle peut, dans son assiette comme dans la grande bibliothèque au premier étage, le monde où elle grandit n'est pas assez vaste pour elle. Son regard se projette au-delà des murs en pierre qui entourent le jardin, glisse sur l'océan qu'on aperçoit au loin, et plus rien ne l'arrête.

NOTE DE L'AUTRICE

Je n'aurais pas écrit ce livre sans le soutien précieux et la confiance de Johanna Silberstein et Matthieu Roy, directeurs de La Maison Maria Casarès, qui m'ont accueillie en résidence dans le merveilleux domaine de La Vergne. Grâce à eux, j'ai eu accès à des archives et documents exceptionnels, pu me promener sous les arbres du chemin, lire dans la bibliothèque rouge et noire, et dormir dans « la chambre de Maria » où j'ai écrit plusieurs chapitres sur son secrétaire en bois.

Grâce à eux, j'ai tourné tous les soirs la clé dans la porte d'entrée bleue. Je les remercie infiniment.

Merci aussi à Lise Fauchereau, chargée de collections (fonds d'archives), Service des archives et des imprimés, Département des Arts du spectacle, Bibliothèque nationale de France, pour sa disponibilité généreuse.

Les citations en italique proviennent, pour la plupart, de la *Correspondance Albert Camus Maria Casarès*, publiée chez Gallimard en 2017, Folio 2020, et de l'autobiographie de Maria Casarès, *Résidente privilégiée*, publiée chez Fayard en 1980. Également des *Carnets* d'Albert Camus, de coupures de presse conservées dans la maison de Maria Casarès, d'extraits de films, d'interviews radiophoniques et de pièces de théâtre jouées par l'actrice.

CITATIONS

Cet ouvrage a été composé
par Soft Office (38)
et achevé d'imprimer en France
par CPI BRODARD & TAUPIN (72200 La Flèche)
pour le compte des Éditions Stock
21, rue du Montparnasse, 75006 Paris
en décembre 2020

PAPIER À BASE DE FIBRES CERTIFIÉES

Stock s'engage pour l'environnement en réduisant l'empreinte carbone de ses livres. Celle de cet exemplaire est de :
600 g éq. CO_2
Rendez-vous sur www.editions-stock-durable.fr

Imprimé en France

Dépôt légal : janvier 2021
N° d'édition : 01 - N° d'impression : 3038661
80-51-5511/8